HAYMON taschenbuch 68

AF534427

Auflage:
5 4 3 2
2020 2019 2018 2017

HAYMON tb **68**

Aktualisierte Neuausgabe des 1999 bei Pro Helvetia
erschienenen Werks
© Haymon Taschenbuch, Innsbruck-Wien 2011
www.haymonverlag.at

Alle Rechte vorbehalten. Kein Teil des Werkes darf in irgendeiner Form (Druck, Fotokopie, Mikrofilm oder in einem anderen Verfahren) ohne schriftliche Genehmigung des Verlages reproduziert oder unter Verwendung elektronischer Systeme verarbeitet, vervielfältigt oder verbreitet werden.

ISBN 978-3-85218-868-3

Umschlag- und Buchgestaltung, Satz:
hœretzeder grafische gestaltung, Scheffau/Tirol
Umschlagfoto: W. Rings, „Die Schweiz im Krieg", Zürich 1974

Gedruckt auf umweltfreundlichem,
chlor- und säurefrei gebleichtem Papier.

Georg Kreis

Die Schweiz im Zweiten Weltkrieg

Georg Kreis

Die Schweiz im Zweiten Weltkrieg

Inhalt

Vorwort

Die Jahre des Zweiten Weltkriegs und die Vorkriegsjahre sind von bleibendem Interesse. Nicht nur die Zeitgenossen, welche diese aufwühlenden Zeiten selbst erlebt haben, bleiben ihnen aus naheliegenden Gründen verbunden. Auch für die Nachgeborenen sind sie eine wichtige Referenzgröße, die zeigt, was vor noch nicht allzu langer Zeit möglich war, was Menschen zugemutet und abverlangt wurde.

Obwohl die Schweiz diese Periode nur am Rande des Kriegsgeschehens erlebt hat oder vielleicht sogar gerade deswegen, stellt sich die Frage, wie es dieses Land geschafft hat, sich einigermaßen herauszuhalten. Diese Schrift möchte das aufzeigen, ohne auf einfache Erklärungen zurückzugreifen und ohne von einem Wunder zu reden. In mancher Hinsicht ging vieles gut, anderes dagegen weniger oder gar nicht gut. Die Bewahrungsgeschichte wird nicht als simple Bewährungsgeschichte verstanden.

Eine erste Version der hier präsentierten Geschichte ist 1999 erschienen, als die öffentliche Debatte um die Rolle der Schweiz im Zweiten Weltkrieg im Zenit stand. Die Forschungsarbeiten der von Parlament und Regierung eingesetzten Historikerkommission, welcher der Verfasser dieser Schrift angehörte, waren damals noch nicht abgeschlossen. Ihre Ergebnisse sollten erst 2002 veröffentlicht werden. Wegen dieser Ergebnisse und anderer inzwischen vorgelegter Resultate kann die Darstellung von 1999 nicht ohne leichte Überarbeitung ein weiteres Mal herausgegeben werden.

Die hier neu aufgelegte Schrift entstand im damaligen Kontext und kann nach Meinung des Verlags und des Autors noch heute bestehen. Sie soll lediglich um ein paar ergänzende Hinweise erweitert werden. Zum einen, um einige neue Resultate anzusprechen, und zum anderen, um den weiteren Verlauf des allgemeineren Interesses an diesem Teil der Geschichte aufzuzeigen.

Die Arbeiten der genannten Historikerkommission waren auf ganz spezielle Fragen ausgerichtet und hatten nicht zum Auftrag, ein umfassendes Bild (etwa zur militärischen Landesverteidigung oder zur Ernährungslage) zu vermitteln. Anderseits hat die hier erneut aufgelegte kleine Schrift es sich nicht zum Ziel machen können, die über 10.000 Seiten umfassende Berichterstattung der Historikerkommission auch nur in allen wichtigsten Punkten zu berücksichtigen. Außer leichten Ergänzungen im laufenden Text wird die Schrift um ein Nachwort erweitert, das die Umstände umschreibt, unter denen sich die Schweiz in den Jahren nach 1995 gezwungen sah, kritische Rückschau auf die Kriegsvergangenheit zu halten. Im weiteren wird gefragt, was diese jüngste Rückschau im gesellschaftlichen Bewußtsein der Schweiz bewirkt und auch nicht bewirkt hat.

Unter kräftiger Nachhilfe ausländischer Agitation wird die schweizerische Gesellschaft 1996 von einer unverarbeiteten Vergangenheit eingeholt. Schang Hutters Shoah-Monument auf dem Zürcher Bankenplatz im März 1998. *(Keystone Press)*

Stimmen der Vergangenheit melden sich nach der Veröffentlichung der ersten Liste „nachrichtenloser Konti" an den Anlaufstellen, die von den schweizerischen Banken und Organisationen der jüdischen Interessenvertretung geschaffen worden sind. *(Keystone Press)*

Erosion der Vergangenheit: Junge Soldaten entfernen Sperren aus der Zeit des Zweiten Weltkrieges (hier im aargauischen Frick, April 1991). *(Keystone Press)*

I.
Die Schweiz vor dem Krieg

Der Zweite Weltkrieg ist ohne Zutun der Schweiz ausgebrochen. Eine Geschichte über die Schweiz im Zweiten Weltkrieg könnte sich demnach damit begnügen aufzuzeigen, was die Schweiz in dem von ihr nicht zu verantwortenden Krieg gemacht hat, in erster Linie für ihr eigenes Überleben, und wie sie ihre scheinbar mehr gezwungenermaßen als gewollt unterhaltenen Beziehungen zum kriegerischen Umfeld gestaltet hat.

Dieser Ansatz würde aber die im Ausland immer weniger verstandene und für das eigene Nationalverständnis fatale Meinung verstärken, daß die Schweiz ein isolierter Betrachtungs- und Gestaltungsgegenstand sein könne; eine Meinung, die nach 1945 von der Schweiz selber und vom westlichen Ausland, das darin einen Vorteil hatte, kultiviert wurde.

Wenn man vom Zweiten Weltkrieg sagt, er sei ohne Zutun der Schweiz ausgebrochen, dann geschieht das aus der gleichen Mentalität, wie die zur Jahreswende 1996/97 vom abtretenden Bundespräsidenten gemachte Bemerkung, daß Auschwitz fernab und nicht in der Schweiz liege, die Schweizer und Schweizerinnen dafür also keine Verantwortung trügen. Dieser verräterische Umgang mit der Kategorie des Territoriums belegt, wie der Schriftsteller Adolf Muschg dann dargelegt hat, in entlarvender Weise die Vorstellung von der angeblichen Nichtzugehörigkeit zu einer Zivilisation, mit der man doch im guten wie im bösen aufs engste verbunden ist.

Darum soll doch auch für die Zeit vor 1939 gefragt werden, welche Rolle die Schweiz im Vorfeld des Krieges gespielt, was die Schweiz auf internationaler Ebene zur Vermeidung des Krieges und auf nationaler Ebene zum Selbstschutz im Falle eines Krieges unternommen hat. Das in dieser Zeit praktizierte Verhalten ist für die Beurteilung des späteren Verhaltens von Interesse, weil es zeigt, daß sich jenes in wichtigen Punkten kaum von diesem unterschied, daß also die nach 1939 eingenommenen Haltungen nicht einfach als Folge der extremen Bedrohung gedeutet und gerechtfertigt werden können.

Nach 1918 zeigte sich eine leichte Tendenz hin zu einer stärkeren Solidarisierung mit den aufkommenden Bemühungen zur

Bundesrat Giuseppe Motta 1920 vor der Völkerbundsversammlung in Genf: Die Schweiz wünscht eine Sonderstellung.
(Photopress, Zürich)

kollektiven Wahrung der Sicherheit. Zunächst bestand schweizerischerseits die Erwartung, als reguläres Mitglied zur Friedenskonferenz der Sieger zugelassen zu werden. Gegen jede diplomatische Gepflogenheit pilgerte Bundespräsident Gustave Ador deswegen sogar nach Paris. Es ging aber nicht nur um die Frage des Mitmachens oder Nichtmitmachens, man brachte sogar den Elan auf, einen eigenen Vorschlag auszuarbeiten, wie eine künftige Ordnung der kollektiven Friedenssicherung aussehen solle. Der Entwurf selbst war in seiner Behutsamkeit allerdings typisch schweizerisch, jedenfalls sah er bloß eine schrittweise Verwirklichung eines Völkerbundes vor. Und wie man bereits 1918 die Friedenskonferenz gerne in Genf beherbergt hätte, stellte man 1920 gerne Genf als Domizil des Völkerbundes zur Verfügung. Daß von diesem Angebot Gebrauch gemacht wurde, ist weitgehend auf das Betreiben des amerikanischen Präsidenten Wilson zurückzuführen.

Das Mitmachen war in der Schweiz freilich keine Selbstverständlichkeit. In der – im Gegensatz zu anderen Ländern – in diesem Lande immer wieder nötigen Volksabstimmung wurde die Völkerbundsmitgliedschaft bei einer hohen Stimmbeteiligung von 77,5% nur knapp gutgeheißen, zwar mit einem Volksmehr von

56,3%, aber mit einem hauchdünnen Ständemehr von 111/2 zu 101/2 Kantonen. Hätten in Appenzell Außerrhoden nur 94 Bürger anders gestimmt, die Schweiz hätte dem Völkerbund nicht beitreten können. Insofern war die Stimmung beim Souverän alles in allem nicht offener, als sie es in der „zweiten“ Nachkriegszeit nach 1945 dann war. Offener und engagierter als 1945 war 1918 aber die Haltung der Verantwortungselite.

Die Schweiz hatte 1920 aus Rücksicht auf ihre Neutralität einen Sonderstatus gefordert – und erhalten. Sie war zwar bereit, sich an wirtschaftlichen Sanktionen des Völkerbunds gegen Friedensbrecher zu beteiligen, und differenzierte insofern ihr vormals integrales Neutralitätsverständnis. Eine Mitwirkung an kollektiven Militärmaßnahmen lehnte sie hingegen strikte ab. Ein Ernstfall sollte 1935 im italienisch-abessinischen Krieg eintreten. Schweizerischerseits zog man sich aus der Affäre, indem man beide Konfliktparteien in gleicher Weise mit einem Kriegsmaterial-Embargo belegte (was sich de facto allerdings nur auf Italien auswirkte). Mit einer gewissen Bitterkeit stellte man aber fest, daß selbst die Führungsmächte des Völkerbunds den Boykott gegen den Aggressor Italien nur halbherzig umsetzten.

Der Völkerbund entsprach in mehrfacher Hinsicht nicht den ursprünglich angestrebten Prinzipien. Zwei Mängel wirkten sich besonders nachteilig aus: Zum einen wurden wichtige Angelegenheiten außerhalb des Völkerbunds entschieden, zum anderen war der Völkerbund nicht universal, die USA blieben ihm fern, und die Sowjetunion kam erst 1934 hinzu. Es zeigte sich ferner, daß den Völkerbundsmitgliedern, insbesondere Frankreich und Großbritannien als den beiden Mitgliedern mit Vormachtstatus, die nationalen Egoismen jeweils wichtiger waren als das gemeinsame Interesse.

Die Beziehungen der Schweiz zur Sowjetunion waren formal inexistent und in der Praxis schwierig. Die Schweiz wünschte nach 1917/18 wegen des revolutionären Charakters des jungen Staates keine diplomatischen Beziehungen. Eine Normalisierung des Verhältnisses sollte erst 1946 zustandekommen. Die schweizerische Exportwirtschaft hätte allerdings bereits in den zwanziger Jahren eine Wiederaufnahme der Beziehungen befürwortet, weil sie in der Sowjetunion einen interessanten Markt für ihre Produkte sah. Diese Perspektive wurde jedoch hinfällig, nachdem die Schweiz, namentlich ihr Außenminister Giuseppe Motta, 1934 die

Aufnahme der UdSSR in den Völkerbund vehement (aber erfolglos) bekämpft hatte.

Was die Alltagsarbeit betraf, stellte sich die schweizerische Diplomatie vor, mit Staaten, welche ähnliche Politiken verfolgten (mit den Niederlanden und den drei nordischen Staaten), eine engere Kooperation aufbauen zu können. Die diesbezüglichen Erwartungen erfüllten sich jedoch nur in beschränktem Maße. Mit einigem Engagement förderte man die 1922 nach Genua einberufene internationale Wirtschaftskonferenz und lud sogar zu einer Vorkonferenz unter den erwähnten Neutralen (plus Spanien) ein.

Die Schweiz strebte keinen Sitz im ständigen Völkerbundesrat (dem heutigen Sicherheitsrat der UNO) an, sie arbeitete aber als Mitglied der Völkerbundsversammlung (der heutigen Generalversammlung der UNO) in zahlreichen Fachkommissionen engagiert mit, etwa in der Hygienekommission und den Kommissionen für geistige Zusammenarbeit, für die Einschränkung des Handels mit Betäubungsmitteln, für die Bekämpfung des Frauen- und Kinderhandels, für die Rückführung von Kriegsgefangenen aus Rußland und Sibirien, im Internationalen Arbeitsamt, bei den Bemühungen um die Sanierung der österreichischen Finanzprobleme etc.

Schweizer wirkten im weiteren bei den Lösungen oder Lösungsversuchen von bestimmten Sachfragen mit, etwa bei der Regelung des Ålandkonflikts, des Oberschlesienkonflikts, der Konflikte um Danzig; sie präsidierten die Brüsseler Finanzkonferenz und die Konferenz für Wirtschaftsstatistik. Sobald das Geschäft einen politischen Einschlag hatte und mit politischen Risiken verbunden war, hielt man sich indessen zurück. So konnte der Völkerbund nicht auf die Unterstützung durch die Schweiz zählen, als er 1934/35 neutrale Beobachter für die Wahlen im Saarland benötigte.

Mit anderen Worten: Die Schweiz war im Bereich der „technischen Fragen" präsent und kooperativ. Während sie sich hier durchaus engagierte, zeigte sie sich im politischen Bereich zurückhaltend, setzte sich zwar (wenn man vom gestörten Verhältnis mit der Sowjetunion absieht) für die Durchsetzung der Universalität ein (d. h. für die Pflege normaler Beziehungen mit allen) und verstand sich auch als Anbieterin von Humanitäts- und Mediationsdiensten. Die politischen Auftritte konzentrierten sich darauf, sich selber, mit wenig Verständnis für die Konflikte der Welt, als Musternation vorzustellen. So pries im Moment, da der Auftakt der Genfer

Private Solidarität: Schaffhauser Frauen stricken 1937 Handschuhe für die Soldaten der spanischen Regierungstruppen. *(M. Furrer, Schaffhausen)*

Abrüstungskonferenz von 1932 durch Japans Angriff auf Schanghai stark überschattet wurde, Giuseppe Motta, der Chef der schweizerischen Außenpolitik, in selbstgerechter Manier die an sich unbestreitbare Tatsache vorlaut als positives Exempel: „Unser Volk hat der Kriegführung entsagt, es sei denn zur Selbstverteidigung" („Notre peuple a renoncé à porter les armes contre l'étranger, si ce n'est pour la défense.") Die damit verbundene Idee, daß die Welt ihren Frieden finden könnte, wenn es nur alle Staaten der Schweiz gleichtäten, war in der Schweiz zwar verbreitet, aber nicht geeignet, aus schweizerischer Warte eine adäquate oder gerechte Betrachtungsweise (und Einschätzung) der weltpolitischen Vorgänge zu ermöglichen.

Am Zustandekommen des Vertrags von Locarno, der 1925 das Siegerdiktat von 1919 wenigstens für den westeuropäischen Raum in eine Verständigungslösung überführte, war die Schweiz überhaupt nicht beteiligt. Sie stellte im Tessin die örtliche Infrastruktur für diese Konferenz zur Verfügung, sorgte für die Sicherheit, hatte aber an dem hoffnungsvollen Treffen nicht einmal einen protokollarischen Auftritt. Schweizerische Pressestimmen anerkannten, daß die in Locarno zustande gekommene Versöhnung auch im schweizerischen Interesse läge (z.B. wegen der Rhein-Schiffahrt

Die Landesausstellung 1939 in Zürich: Verkleidete Tellenbüblein in der schweizerischen Wirtschaftsmetropole, historische Wurzeln trotz gepflästertem Boden. (© *Hans Staub / Fotostiftung Schweiz*)

und der Gotthard-Eisenbahn), und aus etwas abseitigen Positionen wurde kritisiert, daß man trotz der günstigen Zukunftsaussichten das Militärbudget zu erhöhen gedenke.

Für die Einführung eines Obligatoriums im Schiedsgerichtswesen setzte sich die Schweiz vorbehaltlos und vehement ein. Und sie trat dem alle zu nichts verpflichtenden und mit den Namen Briand und Kellogg verbundenen Kriegsächtungspakt von 1928 bei wie viele andere Staaten auch.

Zurückhaltung praktizierte sie hingegen gegenüber den Beschränkungsvorschlägen im Rüstungswesen, weil sie in ihnen eine Benachteiligung vor allem der Kleinen erblickte. Von schweizerischer Seite wurde betont, daß man nur schon wegen der Neutralität verpflichtet sei, eine den neutralen Status sichernde Armee zu unterhalten; zudem bestünde im Falle der schweizerischen Armee ja Gewähr, daß sie einzig zu Verteidigungszwecken eingesetzt würde. Das im Ausland als vorbildlich gepriesene Milizsystem zwinge die Schweiz jedoch, relativ hohe Bestände zu haben. An der Abrüstungskonferenz von 1932 sprach sich die schweizerische Delegation für verschiedene Beschränkungsmaßnahmen aus, insbesondere für ein vollständiges Verbot der Luftbombardemente, und es war wohl zutreffend, wenn der Bundesrat in seinem Rechenschaftsbericht an die Bundesversammlung 1934 beteuerte, alles unternommen zu haben, was von ihm erwartet werden konnte, um der Konferenz zum Erfolg zu verhelfen.

Daß das 1919 geschaffene System kollektiver Sicherheit seine zentrale Aufgabe nicht erfüllte, zeigten ganz offensichtlich der Abessinienkonflikt, in einem gewissen Sinn auch der Spanische Bürgerkrieg und der deutsche Einmarsch in Österreich, einem Land, das immerhin ein souveränes Mitglied des Völkerbundes war. Auf den „Anschluß“ vom März 1938 reagierte die Schweiz mit einer Erklärung, welche die Erwartung aussprach, daß die Schweiz oder Teile der Schweiz nicht das oder die nächsten Anschlußopfer würden. Keiner der drei Nachbarstaaten könne den Untergang der Schweiz anstreben. Jeder Angriff auf die Unversehrtheit ihres Gebietes würde „ein verabscheuungswürdiges Verbrechen gegen das Völkerrecht“ darstellen. Das besänftigende Gegenstück zu dieser Erwartung bestand in der Beteuerung, man wolle mit allen Nachbarstaaten gleich korrekte und freundschaftliche Beziehungen unterhalten. Wörtlich wurde unter Verwendung eines alten Leitgedankens versichert: „Die Schweiz hält sich von fremden Händeln fern.“

Dies hat sie dann auch so gehalten, als im September 1938 vier Großmächte ohne Beizug der Direktbetroffenen in München über das Schicksal der Tschechoslowakei entschieden. Der Bundesrat richtete zwar auf amerikanisches Betreiben einen sonderbar symmetrischen Friedensappell an die Herren Hitler und Beneš. Bundesrat Motta war aber nicht bereit, die ansonsten vielbeschworene Mediationsfunktion zu aktivieren und die Schweiz als Konferenzort anzubieten (was u. U. auch seine gute Seite hatte, weil der Schandpakt jetzt als Münchener- und nicht als Genfer- oder Lausanner-Abkommen in die Geschichte eingegangen ist). Die Schweiz praktizierte statt aktive eine passive Neutralität. Die Hauptfrage, die damals diskutiert wurde, war, ob defensive Maßnahmen ergriffen werden sollten, d.h. eine Teilmobilmachung angeordnet werden müsse. Verbal aber stellte sich der schweizerische Außenminister auf die Seite der Diktatoren. Motta lobte insbesondere den Duce öffentlich als Mann „besonderer Intuition des Geistes und erhabener Willenskraft". Die Presse dagegen wußte das Münchener-Abkommen richtig zu deuten als Auslieferung auch der „Rest-Tschechei" und als Brücke für Hitlers „Marsch nach dem Osten".

Bereits seit Januar 1938 hatte die Schweiz begonnen, Wege und Möglichkeiten zu suchen, den Status der integralen Neutralität wiederzuerlangen. Dies bedeutete ein gewisses Entgegenkommen gegenüber Deutschland und Italien, den beiden Achsenmächten, die bereits aus der „Genfer Liga" ausgetreten waren und von der Schweiz im Grunde den gleichen Schritt erwarteten. Der Rückzug von 1938 geschah aber auch unter innenpolitischem Druck: Bern wollte mit diesem Schritt innenpolitisch noch weitergehenden Forderungen nach Selbstisolation zuvorkommen. Im Mai 1938 wurde die Schweiz offziell von der Verpflichtung entbunden, sich an Wirtschaftssanktionen des Völkerbundes beteiligen zu müssen. In der Folgezeit konnte der allerdings stark reduzierte Völkerbund bis 1945 in Genf bleiben, er wurde aber vom Gastland aus naheliegenden Gründen eher als belastende denn als aufwertende Anwesenheit gewertet. Die Schweiz beglich erst 1944 bei sich abzeichnendem Kriegsende die längere Zeit geschuldeten Mitgliederbeiträge.

1938, im gleichen Jahr also, da die offzielle Schweiz auf dem internationalen Parkett ihr Engagement zurücknahm, entstanden auf der militärischen Ebene aus „privaten" Kontakten mit französischen Kollegen erste Kooperationspläne für den Fall eines deutschen Angriffs – unter Verletzung der schweizerischen Neutralität. Diese Planung lag gewiß im beidseitigen Interesse, konkret hätte die französische und britische Hilfe aber das bestehende Defizit an schweren Waffen (Kanonen, Panzer, Flugzeuge) ausgleichen sollen.

Die schnelle Anerkennungen der von Mussolini in Abessinien und von Hitler in Österreich und im Sudetenland durchgesetzten Machtwechsel fanden ihre Fortsetzung in der ebenso frühen Anerkennung von Francos Herrschaft in Spanien. Zur Wahrung schweizerischer Interessen (der Investoren und der Auslandschweizer)

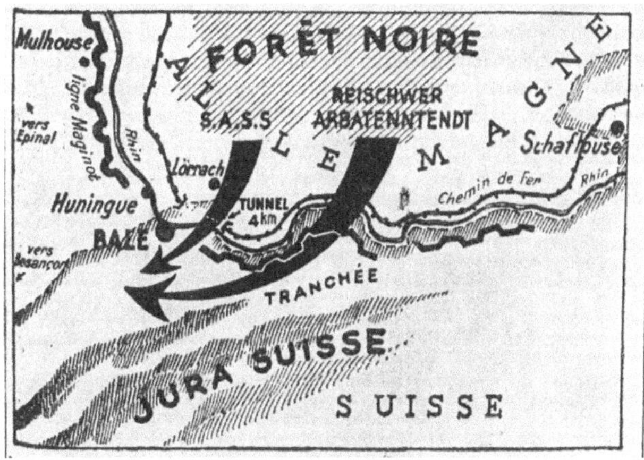

In Frankreich machte man – nicht uneigennützig – schon früh auf die Notwendigkeit einer gemeinsamen Verteidigung aufmerksam. *(L'Intransigeant 28.12.1936)*

waren offziös bereits im Mai 1938 und offziell im Februar 1939 diplomatische Beziehungen aufgenommen worden. Eine schweizerische Großbank hatte schon im Oktober 1938 den Aufständischen einen beträchtlichen Kredit gewährt.

Wie reagierte die Schweiz auf die in der „Reichskristallnacht" vom November 1938 vom NS-Staat gegen seine jüdischen Bürger organisierten Pogrome? Die „Neue Zürcher Zeitung" stufte die Vorgänge als „ebenso wohlüberlegtes und planmäßiges wie brutales Vernichtungswerk" ein. Der amerikanische Präsident rief seinen Botschafter zurück, das britische Unterhaus verabschiedete eine Resolution, die schweizerischen Behörden schwiegen, der Bundesrat erklärte in einer Stellungnahme zu seiner Flüchtlingspolitik, daß „die bereits schwere Last" angesichts der geographischen Lage, der Überfremdungsgefahr und der Arbeitslosigkeit kaum vergrößert werden könne, daß aber alle Einreisegesuche sorgfältig geprüft würden.

In der Fremden- und Flüchtlingspolitik war eine Art von Rückzug schon gegen Ende des Ersten Weltkrieges eingetreten. Die Erfahrung mit einigen der aufgenommenen Emigranten und Deserteure, aber auch mit einem Teil der ohne Notlage eingewander-

Verbarrikadierung der Schweiz in Erwartung des „Falles Nord", hier in Zürich; zwischen den Türmen des Großmünsters die Sirenen für den Luftalarm. *(Schweiz. Bundesarchiv, Bern)*

ten Ausländer entsprach nicht der Erwartung, daß sich die Aufgenommenen aus purer Dankbarkeit still und bescheiden verhalten würden. Die gesamtgesellschaftliche Umbruchsituation 1918 und in den folgenden Jahren führte zu einem Anwachsen und – unabhängig von den tatsächlichen Verhältnissen – zu einer Intensivierung von Überfremdungsängsten. Die Schaffung der Fremdenpolizei 1917 ist ein Merkdatum für den Anfang dieses Prozesses. Die schweizerisch-deutschen Verhandlungen von 1938 zur Einführung des „J"-Sichtvermerks in Pässen deutscher und österreichischer Juden ist zu einem Schandmal für die Entschlossenheit der schweizerischen Fernhaltepolitik geworden. Im multilateralen Rahmen kam – damals wie später – keine Kooperation zur gemeinsamen Bewältigung der Probleme zustande, die sich aus der Massenflucht von Verfolgten stellten. Die im Juli 1938 auf Initiative der USA in Evian durchgeführte internationale Flüchtlingskonferenz führte, statt die Aufnahmebereitschaft insbesondere der Überseeländer zu fördern, weltweit zu eher noch restriktiveren Haltungen. Bei Kriegsbeginn 1939 lebten etwa 7000–8000 Emigranten in der Schweiz.

1936, nach der unter Verletzung der Locarno-Vereinbarung von Deutschland durchgesetzten Remilitarisierung des Rheinlandes, wurde immer klarer, daß ein weiterer Krieg unvermeidlich werde und der Völkerbund – trotz seines überparteilichen Auftrages inzwischen zu einer Konfliktpartei geworden – im Ernstfall nicht (beziehungsweise: noch weniger als bisher) in der Lage wäre, dem internationalen Recht den nötigen Nachdruck zu schaffen und Unabhängigkeit und Sicherheit zu garantieren. Die in der kleinstaatlichen Gemeinschaft seit Jahrhunderten bestehende starke Neigung, für die Wahrung der eigenen Interessen selber besorgt sein zu wollen, erfuhr damit eine weitere Verstärkung.

Das gesteigerte Schutzbedürfnis führte zu einer Forcierung der Landesverteidigung auf drei Ebenen: der Ebene der militärischen, der wirtschaftlichen und der geistigen Landesverteidigung. Das Startsignal für den Ausbau der militärischen Landesverteidigung gab der 1936 über eine öffentliche Anleihe im Volk breit abgestützte Rüstungskredit von 235 Mio. Franken, was immerhin etwa der Hälfte der ordentlichen Bundesausgaben jenes Jahres entsprach. Damit hätte der militärische Schutz wenigstens teilweise auf den Stand des aktuellen Bedarfs gebracht werden können. Mangelnde Professionalität sollte dann allerdings dazu führen, daß die Armee bei Kriegsausbruch vor allem im Rüstungsbereich dennoch schlecht ausgestattet war. Die wirtschaftliche Landesverteidigung wurde 1937/38 durch die Ernennung eines Delegierten für Kriegswirtschaft und die Schaffung einer Organisation vorbereitet, welche für den Kriegsfall die kriegswirtschaftlich wichtigen Güter in Kooperation zwischen Staat und Privatwirtschaft sicherstellte. Mit diesen präventiven Maßnahmen wollte man den schlechten Erfahrungen des letzten Weltkrieges Rechnung tragen.

Das Dispositiv der geistigen Landesverteidigung ergab sich aus der gesamtgesellschaftlichen Selbstmobilisation zur Wahrung der politischen Selbständigkeit. Ihr Abbild war die schweizerische Landesausstellung in Zürich „Landi 39“. Schon 1938 war zur Abwehr des italienischen Sprachimperialismus und als allgemeine Manifestation gegen ausländische Kulturpropaganda das Rätoromanische zur vierten Nationalsprache erklärt und diese Aufwertung mit einer Volksabstimmung bekräftigt worden.

Die Politik erfuhr eine Einfärbung ins Nationale. Die differenzierenden Parteifarben verblaßten, es kam zu einer Konzentration auf die Mitte. Ohne größere Anhängerschaft blieben die radikalen Kleingruppen, die einerseits auf dem rechten Flügel in Anlehnung an Nationalsozialismus und Faschismus und andererseits auf dem linken Flügel in Umsetzung der von der Sowjetunion dirigierten kommunistischen Internationale je ihre Gesellschaftskonzepte propagierten.

Zwischen den Klassenkampfpositionen der Arbeiterschaft und den Unternehmern der Maschinenindustrie wurde 1937 ein exemplarisches Friedensabkommen geschlossen, das statt der Konfrontation die Kooperation zur Devise machte. Die Konzentration auf die Mitte war auch mit einem Moratorium der Reformpläne verbunden. Die Verlangsamung der gesellschaftspolitischen Entwicklung – zum Teil bis hin zum Stillstand – hatte zur Folge, daß manches erst nach 1945 wieder in Bewegung kam und realisiert wurde (wie 1948 die Alters- und Hinterbliebenen-Versicherung [AHV] oder die Wirtschaftsartikel).

Die Schweiz konnte, gefaßt und moralisch einigermaßen vorbereitet, als geschlossene Nation in den Krieg „eintreten". Sechs Jahre später verstanden viele das Ende dieses Krieges als Befreiung von einem von außen auferlegten Eingeschlossensein. 1945 konnte man endlich – wieder oder zum ersten Mal – reisen! Die Annahme, daß dies ein Durchbrechen der Isolation gewesen sei, die man nicht gesucht habe, ist jedoch nur teilweise zutreffend. Denn bis zu einem gewissen Grad betrieb die Schweiz als Reflex auf die Zeitumstände auf mentaler Ebene doch auch Selbstisolation.

II.
Die Schweiz im Krieg

Die Schweiz war nicht wie andere Länder im Krieg und blieb von den Greueln des Krieges ziemlich verschont, war nur am Rande direkt betroffen, wenn einzelne Bomben, zumeist irrtümlich, auf Schweizer Boden fielen. Der schwerste Schlag dieser Art traf am 1. April 1944 Schaffhausen und kostete vierzig Menschen das Leben.

Die Frage nach den für die Schweiz anfallenden „Kosten" des Krieges soll am Schluß nochmals aufgegriffen werden.

Obwohl weitgehend in der Zuschauerrolle, war sie dennoch vom Krieg geprägt, insbesondere durch den jahrelangen Militärdienst und die Versorgungsknappheit und, ebenfalls über Jahre hinweg, durch die dumpfe Befürchtung, mit allen Konsequenzen plötzlich doch noch von den feindlichen Nachbarn angegriffen und besetzt zu werden.

Die Schweiz lebte während der längsten Zeit des Krieges in einem ausgesprochen feindlichen Umfeld. Die Feindlichkeit der Nachbarschaft war dreifacher Natur und bestand darin, daß ihre demokratiefeindlichen Regime die Schweiz dauernd unter politischen Druck setzten, daß ihre Ideologie von Volkszugehörigkeit für die verschiedensprachigen Landesteile der Schweiz eine stetige Annexionsdrohung bedeutete und daß ihre Ausbeutermentalität die Schweiz permanent unter wirtschaftlichem Druck hielt.

Die für den schweizerischen Kleinstaat wichtige Balance der Nachbarschaftsverhältnisse erlitt zudem zwei wesentliche Störungen: 1938 mit dem Anschluß Österreichs und 1940 mit der Besetzung Frankreichs. Vom Juni 1940 an war die Schweiz von den Achsenmächten (Deutschland und Italien) eingeschlossen. Diese Situation sollte beinahe bis Kriegsende andauern. Der faktisch bestehende und überdies das Bewußtsein prägende „Belagerungsring" wurde erst im August 1944 aufgebrochen, als erste amerikanische Truppen an der Westgrenze die Schweiz erreichten.

Die Bedrohung war ein objektives Faktum, subjektiv wurde sie aber nicht von allen in der Schweiz gleich wahrgenommen und wirkte sich auch nicht auf alle in gleicher Weise aus. Alles in allem herrschte aber in den zentralen Fragen mindestens bis 1943 eine bemerkenswerte Einmütigkeit.

2. September 1939: 430000 Mann der Schweizer Armee marschieren in die Bereitschaftsstellungen. *(Lothar Jeck)*

Die zweite Generalmobilmachung im Mai 1940 war gravierender als die erste vom September 1939. *(Pierre Izard)*

August 1944: Die freie Welt erreicht die Schweiz, hier in Vallorbe, und verschafft dem zuvor von den Achsenmächten eingekreisten Land nur bedingt Erleichterung. *(Foto Muller, Vallorbe)*

Die zentralen Fragen: Einerseits die auf einer höheren Ebene angesiedelte, aber durchaus reelle Frage, wie die Schweiz ihre Unabhängigkeit und damit ihre demokratische Ordnung, also die äußere und zugleich die innere Freiheit, wahren konnte. Und andererseits die etwas schlichtere, aber trotzdem wichtige Frage, wie die Gesellschaft und wie der einzelne in der außerordentlichen Situation die schwieriger gewordene Bewältigung des Alltags meistern konnte.

Diese zentralen Fragen waren gemeinsame Fragen, für die man sich unter Hintanstellung der Eigeninteressen mit einer gewissen Militanz (im Sinne von Diensteifer) und einer gewissen am Gemeinwohl orientierten Disziplin einsetzte. Die privaten Interessen und Sorgen waren nicht inexistent, standen aber etwas im Hintergrund. Neben der zuweilen etwas heroisch anmutenden Dimension gab es auch die Fortsetzung der immer leicht banalen Normalität: am Arbeitsplatz, in der Schule, zu Hause, im Wechsel der Jahreszeiten – und im allmählichen Älterwerden.

III.
Phasen des Kriegs

Der Krieg dauerte sechs Jahre. Als man mitten drin steckte, konnte man allerdings nicht wissen, wie lange er noch dauern, was er Tag für Tag noch bescheren und wie er ausgehen würde. Anfänglich wird wohl der Wunsch dominiert haben, daß der Krieg schnell vorbeigehen möge. Im Sommer 1940 dürfte dieser Wunsch – bei der Mehrheit der Bevölkerung – von der Hoffnung verdrängt worden sein, daß der Krieg zwar doch noch weitergehen, aber das Ergebnis des Krieges nicht die Etablierung des Dritten Reichs auf längere Zeit sein werde. Bestimmt durch das Kriegsgeschehen, erlebte die Schweiz drei Kriegsphasen:

Die Zeit vom September 1939 bis zum Juli 1940. Aufgehoben in einer vermeintlichen Machtbalance, ja sogar in der trügerischen Erwartung, daß die Westmächte in diesem Konflikt die überlegene Partei wären, verlief das erste halbe Jahr des Kriegs relativ ruhig – Polen lag weit weg, am Rhein war's still, Italien blieb neutral. Im Frühjahr 1940 brachte der Westfeldzug in der Eröffnungsphase die Ungewißheit, ob ein Vorstoß gegen Frankreich nicht auch durch die Schweiz führen werde. Der Kriegseintritt Italiens im Mai 1940 schuf für Jahre eine Gefahrenzone auch an der Südgrenze. Mit Frankreichs Kapitulation im Juni 1940 brach eine Welt zusammen. Der unerwartet schnelle Szenenwechsel erschütterte für einen Moment auch die inneren Verhältnisse der Schweiz. Das innere Gleichgewicht konnte erst gegen Jahresende wiedergefunden werden.

Die Zeit vom August 1940 bis zum Frühjahr 1943. Man richtete sich auf eine längere Zeit der Vorherrschaft des nationalsozialistischen Deutschland ein, die meisten allerdings, ohne diese als ein Definitivum hinzunehmen. In dieser Zeit „entfernte" sich im territorialen Sinn der Krieg von der Schweiz, zugleich weitete er sich aber auch aus: 1941/42 erreichte die Macht des Dritten Reichs ihren Kulminationspunkt. Der Angriff auf die Sowjetunion im Juli 1941 und der Kriegseintritt der USA im Dezember 1941 wurden nicht sogleich als entscheidende Wende wahrgenommen. Die Niederlage der deutschen Panzerarmee in Nordafrika im November 1942 und die Niederlage vor Stalingrad im

Aktivdienstdenkmal von Les Brenets: 1939 konnte man nicht wissen, wie lange der Krieg dauern würde. *(M.P. Nicord, Genève)*

Januar 1943 wurden dagegen bereits in der Zeit selber als Anfang vom Ende gewertet.

Die Zeit vom Frühjahr 1943 bis zum Mai 1945. Die Wende im internationalen Kräfteringen bedeutete für die Schweiz aber nicht, daß sich damit die Bedrohung entsprechend verflüchtigte. Ganz im Gegenteil, der Krieg „näherte" sich in dieser Phase wieder dem Land, 1943 wurde Italien zum Kampfgebiet und 1944 erneut auch Frankreich. Grenzverletzungen durch Verbände der Alliierten waren zu befürchten, in dieser Phase wurde die Schweiz am stärksten durch den Luftkrieg in Mitleidenschaft gezogen. Es wuchs auch das Risiko, daß sich der Verlierer in der Schlußphase des Krieges zu irgendwelchen, auch die Schweiz treffenden „Verzweiflungsaktionen" hinreißen lassen könnte.

Nachkriegsphase. Am 8. Mai 1945 feierte man in Europa zwar das Kriegsende mit der bedingungslosen Kapitulation der für den Krieg verantwortlichen Macht. Die durch den Krieg geschaffenen Verhältnisse überdauerten aber diesen Tag. In der ersten Nachkriegsphase kam es einerseits zu einem Zusammenbruch der ohnehin prekär gewordenen Güterströme, andererseits – in dem völlig durcheinandergebrachten Kontinent – zu einem Anschwellen der Menschenströme sozusagen nach allen Richtungen. Beides hatte direkte Auswirkungen auf die Schweiz: Die Versorgungslage wurde vorübergehend noch schwieriger, gleichzeitig mußten rund 50000 heimkehrende Auslandschweizer aufgenommen werden.

Auch in politischer Hinsicht trat mit Kriegsende nicht etwa eine schlagartige Verbesserung der Verhältnisse ein (im Sinne dessen, was man Normalisierung nennt). Die Schweiz war wegen ihrer teils unumgänglichen, teils aber auch selber angestrebten Wirtschaftskooperation mit den Achsenmächten einer gewissen Ächtung ausgesetzt. Andererseits betrieb sie, indem sie gegenüber dem seit 1943/44 aufgebauten UNO-System auf Distanz blieb, auch ihre eigene Ausgrenzung. Beides, die Ächtung und die Selbstisolation, sollte erst 1947/48 mit der im Zuge der Westlagerbildung sich ergebenden Werte- und Wirtschaftsgemeinschaft etwas abgebaut werden.

IV.
Bereiche der Politik

Rückblickend scheint das Außerordentliche dieser Jahre das einzige gewesen zu sein, was die Menschen in Anspruch genommen hat oder hätte nehmen sollen. Indessen nahm selbst in den aktiv und direkt am Krieg beteiligten Gesellschaften die Normalität des Alltags zum Teil in erstaunlichem Maße und vor allem so weit wie möglich ihren Gang. In der Schweiz war dies nicht anders. Einerseits wollte man möglichst nahe am courant normal leben (z. B. in den Schulen und an den Universitäten) und sah in dessen Aufrechterhaltung in Anbetracht der Schwierigkeit der Zeit sogar eine besondere Leistung. Andererseits ließ sich nicht vermeiden, in den verschiedenen Bereichen doch Extraregime einzuführen und Sondermaßnahmen zu treffen.

Während bis vor kurzem in den Vorstellungen von der Schweiz der Kriegsjahre das freundliche Selbstbild und darin die positive Würdigung der speziell unternommenen Anstrengungen dominiert haben, melden sich in jüngster Zeit vehemente Stimmen einer kritischen Fremdwahrnehmung, die der Schweiz vorwerfen, in einer Zeit, da viele unsäglich gelitten haben, eine behäbige Normalität genossen und sich auf Kosten des Krieges und der Verfolgten bereichert zu haben.

Die Gesamtbeurteilung der verschiedenen Vorgänge und der Rolle eines ganzen Landes in jener schwierigen Zeit stellt hohe Ansprüche und kann sich nicht darin erschöpfen, spezifische Erfahrungen oder gar eine einzelne Wahrnehmung zu verabsolutieren. Da, wo es möglich ist, müssen Zusammenhänge hergestellt, in manchem muß im Gegenteil sogar die Zusammenhangslosigkeit festgestellt und beurteilt, und schließlich muß da und dort auch der Widersprüchlichkeit ein Platz eingeräumt werden. Die Rolle der Schweiz in den Kriegsjahren läßt sich nicht auf eine einzelne Dimension reduzieren, weder auf das Bild des wackeren Soldaten, der wichtige Jahre seines Lebens an der Grenze gestanden oder im Alpenreduit verbracht hat, noch auf das Bild des Geschäftsmannes, der sich als skrupelloser Kriegsgewinnler betätigt hat.

Im folgenden seien nun, unterschieden nach den wichtigsten Politikbereichen, die zeitspezifischen Umstände näher charakterisiert. Zunächst sollen zwei ausgesprochen innpolitischen Bereiche zur Sprache kommen, die dazu den gesellschaftlichen Hintergrund bildeten.

V.
Innenpolitik

Vollmachtenregime und Staatsquote

Nachdem Parlament und Regierung in ihrer Krisenbekämpfungspolitik bereits mit dringlichen Bundesbeschlüssen immer wieder das Referendum und damit die direkte Mitsprache der Bürger ausgeschlossen hatten, wurde der Bundesrat bei Kriegsbeginn mit zusätzlichen Vollmachten ausgestattet, die es der Regierung erlaubten, bei Bedarf „jederzeit" von der Verfassung abweichende Beschlüsse zu fassen. Auf Grund dieser Kompetenz wurden über 500 Beschlüsse gefaßt, die meisten betrafen wirtschaftliche Angelegenheiten.

Das war eine reguläre Außerordentlichkeit, denn seit 1849 und insbesondere in den Jahren 1914–1918 hatte man ähnliche Kompetenzdelegationen auch schon vorgenommen. Jetzt aber fiel diese Maßnahme mit der generellen Tendenz zusammen, die Regierungsautorität aufzuwerten und das Parlament abzuwerten. Die außerordentlichen Vollmachten ließen die Exekutive aber nicht etwa erstarken, sie führten eher zu ihrer Schwächung, weil sie jetzt den Interessenverbänden mehr ausgesetzt war, die (über das abgewertete Parlament hinweg) die Regierung direkt unter Druck setzen konnten. Das Parlament hätte theoretisch zwar die Möglichkeit gehabt, die Vollmachtenbeschlüsse nachträglich außer Kraft zu setzen, in der Praxis spielte diese Kompetenz aber nur als latente Möglichkeit eine bescheidene Rolle.

Die Staatsquote im gesellschaftlichen Handeln erfuhr in dieser Zeit einen starken Zuwachs. Entsprechend wuchsen auch die Bürgerpflichten gegenüber dem Staat und schrumpften die individuellen Rechte. Zur militärischen Dienstpflicht kamen die landwirtschaftlichen Anbaupflichten (vgl. unten), die kaum zur Anwendung gekommene, theoretisch aber doch bestehende Arbeitsdienstpflicht aller 16- bis 60/65-Jährigen (z.B. für Holzgewinnung und Holztransport) sowie beispielsweise das allen Kinos per Bundesratsbeschluß mit massiver Strafandrohung im Falle der Nichtbeachtung auferlegte Obligatorium, vor jedem Spielfilmprogramm die Schweizerische Filmwochenschau zu zeigen. Die militärische Gewalt war auf Bundesebene wohl der zivilen Gewalt unterstellt, auf kantonaler Ebene indessen konnten militärische Instanzen die Suprematie über die Justiz- und Polizeibehörde des Kantons beanspruchen.

Der Staat übernahm in verschiedenen, zuvor dem freien Spiel der Kräfte überlassenen Bereichen Ordnungsfunktion. So wurde eine Preiskontrolle und eine Lohnbegutachtungskommission geschaffen, die Rationierung von Gütern eingeführt (vgl. unten Kap. 8), der Bund wurde selber zum Warentransporteur, aber auch zum Unternehmer, betrieb 1940–1944 selber mit einem Umsatz von rund 1,7 Mia. Franken Warengeschäfte über das traditionelle (im Ersten Weltkrieg ebenfalls aus Versorgungsschwierigkeiten entstandene) Getreidemonopol hinaus.

Der Bestand des Bundespersonals stieg zwischen 1939 und 1944 von etwas über 10000 auf gegen 30000 Beschäftigte steil an. Der Anteil der Bundeszentralverwaltung ging zwar eher zurück, der außerordentliche Bestand des kriegswirtschaftlichen und militärischen Zivilpersonals erreichte 1944 in absoluten Zahlen und mit einem Anteil von 43% sein Maximum. Improvisierte Barackenbüros im Umfeld des Bundeshauses zeugten von der temporären Expansion der außerordentlichen Verwaltungstätigkeit.

Die Hauptfrage der Innenpolitik bestand darin, eine Haltung zur Frage zu entwickeln, ob und inwiefern und allenfalls wie die Schweiz angesichts der außerordentlichen Verhältnisse umgestaltende Konsequenzen dauerhafter Art ziehen sollte und in welchem Verhältnis außenpolitische und innenpolitische Modifikationen – „Anpassungen" – zueinander stehen sollten. Ein aus dem Spätherbst 1940 stammender Briefwechsel zwischen Heinrich Walther und Walther Stampfli illustriert diese Problematik.

„Eine Umstellung (in Richtung Deutschland) ist eine dringende Notwendigkeit schon vom Standpunkte des Sacro egoismo aus. Wir müssen unter allen Umständen zu einem besseren Verhältnis zu Deutschland kommen, von dem die wirtschaftliche Zukunftsgestaltung unseres Landes zum guten Teil um so mehr abhängt, als auch in Italien die Stimmung gegenüber der Schweiz eine sehr fühlbare Abkühlung erfahren hat. Die Meinung, daß sich die Schweiz in dem neuen Europa mühelos und unter Festhaltung aller bisherigen kritischen und unkritischen Gepflogenheiten den Platz an der Sonne suchen könnte, ist ebenso kindisch wie gefährlich. Mit der Verwechslung von kurzsichtiger Selbstüberhebung mit dem allein echten Schweizersinn müssen wir endlich einmal fertig werden." (Nationalrat Heinrich Walther an Bundesrat Stampfli, 13. November 1940).

„Bei allen eigenen Bemühungen, uns selber solange als möglich über Wasser zu halten, dürfen wir, da gehe ich mit Ihnen ganz einig, nicht aus den Augen verlieren, daß wir weitgehend von dem Verständnis der Achsenmächte, vorab Deutschlands, abhängig sind. Eine entsprechende Einstellung unsererseits ist unerläßliche Voraussetzung, sie darf aber nicht mit bedingungsloser Unterwerfung verwechselt werden, sonst ist es mit unserer Unabhängigkeit vorbei. Die Zumutungen gehen gelegentlich jetzt schon über die Grenze des Zulässigen hinaus; England und Amerika sehen uns dabei genau auf die Finger, und ständig droht uns die Gefahr, von diesen Mächten als rettungsloser Vasall Deutschlands betrachtet und behandelt zu werden." (Bundesrat Walther Stampfli an Nationalrat Walther, 17. November 1940; Hafner, 1986, S. 204).

Dieser Meinungswechsel zeigt, daß Art und Grad der „Anpassung" unterschiedlich für notwendig gehalten wurden, je nachdem, ob man diese Veränderung selber wünschte oder nicht.

Zusammensetzung der Landesregierung

1940 mußten gleich 4 von 7 Bundesratssitzen neu besetzt werden. Einen spürbaren Wechsel bedeutete dies allerdings nicht. Der Bundesrat der Kriegsjahre ist schon als eines der schwächsten Regierungsteams der Geschichte des Bundesstaates bezeichnet worden. Kapitale Fehler sind ihm aber keine vorzuwerfen. Die von ihm betriebene Politik entsprach weitgehend dem vorherrschenden breiten Konsens. In der Zeit selber zog Bundesrat Marcel Pilet-Golaz einige Kritik auf sich wegen eines Empfangs einer frontistischen Delegation im Herbst 1940 und nachträglich wegen des im Juni 1940 über Radio verbreiteten Aufrufs, sich den neuen Verhältnissen anzupassen. Durch seine Verständigungspolitik gegenüber dem Dritten Reich politisch verbraucht, mußte er sich im Herbst 1944 aus der Regierung zurückziehen. Die übrigen Mitglieder der Kollegialbehörde konnten mit dem nötigen Rückhalt im Volk rechnen. Dies gilt auch für Bundesrat Eduard von Steiger, den für die Flüchtlingspolitik hauptverantwortlichen Magistrat.

Zusammensetzung des Bundesrates in den Kriegsjahren
(heutige Parteibezeichnungen)

EPD	Motta (CVP) 1920–1940, Pilet (FDP) 1940–1944, Petitpierre (FDP) 1945–1961
EDI	Etter (CVP) 1934–1959
EJPD	Baumann (FDP) 1934–1940, von Steiger (SVP) 1941–1951
EMD	Minger (SVP) 1930–1940, Kobelt (FDP) 1940–1954
EFZD	Wetter (FDP) 1939–1943, Nobs (SP) 1943–1951
EVD	Obrecht (FDP) 1935–1940, Stampfli (FDP) 1940–1947
EPED	Pilet (FDP) 1930–1940, Celio (CVP) 1940–1950

EPD	Eidg. Politisches Departement (Außenpolitik)
EDI	Eidg. Departement des Innern
EJPD	Eidg. Justiz- und Polizeidepartement
EMD	Eidg. Militärdepartement
EFZD	Eidg. Finanz- und Zolldepartement
EVD	Eidg. Volkswirtschaftsdepartement
EPED	Eidg. Post- und Eisenbahndepartement

Parteiengefüge

Das Kräfteverhältnis der Parteien blieb in den Kriegsjahren einigermaßen stabil. Die Extrempositionen auf dem linken und dem rechten Flügel waren bereits in den ersten Kriegsjahren verboten worden. Das Verbot der „Fédération socialiste suisse" vom Juni 1941 hatte zur Folge, daß 4 Nationalräten und zahlreichen Kantons- und Gemeinderäten das Mandat entzogen wurde und Ersatzwahlen durchgeführt werden mußten.

Wähleranteile der Bundesratsparteien 1935–1947

Jahr	FDP	CVP	SVP	SP	übrige
1935	23,7 %	20,3%	11,0%	28%	17%
1939	20,8%	17,0%	14,7%	25,9%	21,6%
1943	22,5%	20,8%	11,6%	28,6%	16,5%
1947	23%	21,2%	12,1%	26,2%	17,5%

Die Parteien waren in dieser Zeit nicht sonderlich angesehen. Der latent vorhandene Vorwurf, sie seien Kräfte einer leerlaufenden und nur auf die eigenen Machtinteressen bedachten Maschinerie, war damals speziell präsent und der Ruf nach neuen Kräften besonders laut.

Die Eidgenössischen Wahlen vom Herbst 1939 standen im Zeichen des Burgfriedens, in 81/2 Kantonen wurden bloß stille Bestätigungswahlen durchgeführt. Mit 20 % Parlamentsneulingen brachten diese Wahlen eine bescheidene Erneuerung. Im Herbst 1943 trat mit einem Erneuerungsanteil von 37 % wieder eine durchschnittliche Rotation ein. In der ersten Hälfte der Kriegsjahre erlebte die Gesellschaft einen „Rutsch" nach rechts, der sich nicht in den bezifferbaren Parteianteilen, sondern in den Bekenntnissen gewisser Exponenten des Bürgertums zeigte.

Eindeutige Sieger der Wahlrunde von 1943 sollten dann aber die Sozialdemokraten mit 11 Sitzgewinnen werden. Im 194köpfigen Nationalrat wurden sie mit 54 Sitzen die größte Fraktion. Das Ergebnis war die Folge der wachsenden Unzufriedenheit mit der Regierungspolitik, an der die Linke – noch – nicht beteiligt und durch welche die Linke darum auch nicht belastet war. Im Dezember 1943 öffnete die bürgerlich dominierte Bundesversammlung das Konkordanzregime auch für die Sozialdemokraten und wählte mit Ernst Nobs erstmals einen ihrer Vertreter in die Landesregierung.

Eine sozialdemokratische Volksinitiative, welche eine SP-Regierungsbeteiligung durch die Einführung der Volkswahl des Bundesrates herbeiführen wollte, war im Januar 1942 im Verhältnis 1:2 abgelehnt worden.

Dem zeittypischen Antiparlamentarismus entsprangen verschiedene Reformprojekte zur Einschränkung des Parlamentes. Ein besonders spektakulärer Vorschlag zur Reduktion der nationalrätlichen Volkskammer um etwa die Hälfte der Sitze wurde im November 1940 aus dem frontennahen Oppositionslager lanciert und im März 1941 in Form einer Volksinitiative eingereicht; im Mai 1942 wurde dieser Vorschlag jedoch mit 65 % der Volksstimmen und 211/2 (von 22) Ständestimmen deutlich abgelehnt. Nicht nur das Ergebnis, auch die Abstimmung selber war ein klares Bekenntnis zur Demokratie. Im Ersten Weltkrieg hatte man es 1915 nicht gewagt, über die wichtige und schließlich im Oktober 1918 vorgelegte Proporz-Initiative abstimmen zu lassen.

Nationaler Konsens?

Der Konsens, der sich bereits vor Kriegsausbruch gebildet hatte, blieb lange, bis 1943, die vorherrschende Grundhaltung. Weitgehende Einigkeit bestand bezüglich der Anwendung rigorosester Maßnahmen, als 51 aktiven Anhängern des Dritten Reichs von der Bundesversammlung das Schweizer Bürgerrecht aberkannt wurde und in der Zeit vom September 1942 bis Dezember 1944 17 Angehörige der Schweizer Armee wegen militärischen Landesverrats erschossen wurden.

Die grundsätzliche Einigkeit in den großen Fragen schloß freilich nicht aus, daß es Meinungsdifferenzen in Umsetzungsfragen gab. Und sie schloß ebenso wenig aus, daß es stillen oder gar lauten Widerstand gegen Anordnungen gab, zumal gegen Luftschutz- und Verdunkelungsvorschriften, Proteste gegen „Bern" und seine Repräsentanten, insbesondere in der Zentralschweiz und in der Suisse profonde, wenn – wie 1942 in Steinen (SZ) und 1944 in Bulle (FR) – gegen Schwarzhandel eingeschritten wurde. Schon 1941 hatte die „Berner Tagwacht" bemerkt, daß es „westwärts der Saane", wo die eidgenössischen Gesetze, aber nicht die eidgenössischen Subventionen aufhörten, punkto Lebensmittel- und Mahlzeitenkarten „recht lustig" zugehe ...

Ansonsten war die Grundhaltung geprägt von einer großen Bereitschaft zum persönlichen Verzicht, zur Selbstdisziplinierung und zum Dienst für die Gemeinschaft. Militärische Kategorien wie Einsatz, Gehorsam, Aufopferung wurden auf den zivilen Alltag, die Arbeitswelt und das Familienleben übertragen. Das Sportabzeichen, ein Leistungsausweis in ausgewählten Disziplinen, erfreute sich während des Krieges besonderer Popularität. 1941 wurde es, was eine entsprechende Erfolgsmeldung wert war, von rund 30000 Personen erworben.

Dies schloß allerdings nicht aus, daß die Bürger in einer Volksabstimmung im Dezember 1940 die Einführung eines Obligatoriums für den militärischen Vorunterricht (für 16–19jährige) vor allem aus einem antizentralistischen Reflex ablehnten. Andererseits wagte man es nicht, das (schließlich auf Vollmachtenweg verordnete) Steuerpaket zur Finanzierung der Kriegskosten den Bürgern vorzulegen. Bundesrat und Parlament hielten es für wenig ratsam, die auf den 2. Juni 1940 bereits angekündigte Abstimmung in dieser schwierigen Zeit dann tatsächlich auch durchzuführen.

Der Bundesrat bemerkte in seiner diesbezüglichen Erklärung vom 30. April 1940, daß die Zuspitzung der internationalen Verhältnisse keine innenpolitischen Auseinandersetzungen gestatte und er überzeugt sei, „daß das Schweizervolk angesichts der schweren Zeit den Schritt des Bundesrates verstehen und billigen wird". In Wirklichkeit befürchteten die Architekten des steuerpolitischen Kompromisses, daß die Warenumsatzsteuer von links und die Wehrsteuer und das Wehropfer von rechts bekämpft würden und ein allgemeiner Streit um die Verteilung der Kriegslasten ausbrechen könnte.

Die äußere Bedrohung ließ gewiß nicht nur die Parteien, sondern auch die Landesteile näher zusammenrücken. Vor dem historischen Hintergrund der starken Polarisierung zwischen der deutschen und französischen Schweiz zu Beginn des Ersten Weltkrieges ist man schnell bereit zu sagen, daß es im Zweiten Weltkrieg zwischen Deutsch und Welsch keinen „Graben" gegeben habe. Bei näherem Hinsehen kann man aber doch zwei Gegensätzlichkeiten feststellen.

Zum einen unterschieden sich die Haltungen gegenüber dem nationalsozialistischen Deutschland: Während die deutsche Schweiz in der unvermeidlichen Auseinandersetzung mit dem nördlichen Nachbarn schon früh ein ausgeprägtes Abgrenzungsbedürfnis entwickelte, nahmen viele Romands gegenüber dem Dritten Reich eine weniger engagierte Haltung ein. Andererseits gab der Pétainismus für die französische Schweiz ein gewisses Vorbild ab, wie zuvor der Front populaire ein Schreckgespenst gewesen war.

Die andere Differenz: Die Suisse romande blieb trotz „union sacrée" ausgesprochen föderalistisch. Die erwähnte Vorlage zur Einführung eines Obligatoriums des militärischen Vorunterrichts vom Dezember 1940 wurde in der französischen Schweiz mit 67% Nein-Stimmen verworfen, in der übrigen Schweiz nur mit 55,7%. Und die 415 Mio.-Kreditvorlage vom Juni 1939 zur Finanzierung der Rüstungsvorhaben und Bekämpfung der Arbeitslosigkeit erhielt nur 43,3% Ja-Stimmen, wurde also abgelehnt, während sie in der deutschen Schweiz mit 76,3% Ja-Stimmen angenommen wurde. Patriotische, aber antizentralistische Gegner der französischen Schweiz scheuten nicht davor zurück, das Landesverteidigungsprojekt als „d'inspiration nettement hitlérienne" zu verunglimpfen und Bundes-Bern vorzuwerfen, sich freiwillig in den „moulin totalitaire" zu begeben.

Pressekontrolle

Die Presse unterstand der Nachzensur. Ausmaß und Auswirkung des Zensurregimes sind in doppelter Hinsicht von Bedeutung: einmal zur Beurteilung der demokratischen Qualität der Kriegsgesellschaft und zum anderen für die Frage, was „man" in verschiedener Hinsicht (insbesondere über die Judenverfolgungen, aber auch über die Wirtschaftskooperation und über die beiden Kriegskontrahenten) in Erfahrung bringen konnte. Die einschränkende Wirkung der Zensur wird nachträglich gerne überschätzt. Die Zeitgenossen konnten sich alles in allem – sofern sie dies wollten – trotz der Zensur ein gutes Bild von den wesentlichen Vorgängen machen. Für ihre zum Teil desinteressierte Haltung kann nicht die Zensur verantwortlich gemacht werden.

Die Zensur stand mehr im Dienste der außenpolitischen Rücksichtnahme als der innenpolitischen Repression. Offziell verlangte der Staat keine Gesinnungsneutralität, faktisch wurde aber eine gewisse Zurückhaltung in den parteiischen Stellungnahmen zum internationalen Geschehen gefordert. Die Armee durfte aus Imagegründen nicht kritisiert, die Neutralität nicht diskutiert und auch die hohe Landesregierung nicht in ihrem Ansehen geschmälert werden. Verstöße gegen Richtlinien und Einzelweisungen wurden geahndet.

Die schwachen Sanktionen (schriftliche Ermahnungen, auch Konfiskationen) bewirkten aber wenig oder sogar das Gegenteil, und die starken Sanktionen (Vorzensur, Erscheinungsverbot) konnten aus demokratischen Skrupeln kaum eingesetzt werden. Extreme Haltungen wurden immerhin geahndet. In der Zeit vom Juli 1943 bis zum Juni 1945 erfolgten im Bereich der „leichten Maßnahmen" gesamtschweizerisch 4749 Beanstandungen, 802 Verwarnungen und 36 Beschlagnahmungen. Im Bereich der „schweren Maßnahmen" wurden während der ganzen Kriegszeit 23 öffentliche Verwarnungen ausgesprochen, 11 Zeitungen wurden unter Vorzensur gestellt, 3 davon unbeschränkt, 8 für eine Dauer von 3 Wochen bis 3 Monaten; 4 Zeitungen wurden unbefristet verboten, 20 Zeitungen in einer Spannweite von einem Tag und vier Monaten. Bezieht man die befristeten Verbote auf die Erscheinungshäufigkeit, so kann man feststellen, daß während der sechs Jahre Pressenotrecht insgesamt 135 Ausgaben von 16 verschiedenen Blättern verboten wurden.

Die meisten Maßnahmen zog die sozialdemokratische Presse auf sich, das erklärt sich aber weniger aus einer einseitigen Grundhaltung der Pressekontrolle als aus dem kaum gedämpften und eben kaum domestizierbaren Antifaschismus dieser Blätter. Die Presse hatte die in ihrer überwältigenden Mehrheit eindeutig achsenfeindlich eingestellte Bevölkerung auf ihrer Seite und trotz gewisser Einschränkungen alles in allem eine sehr gute Zeit.

Nicht weniger problematisch als die Einschränkung war die Lenkung der Publizistik; der Versuch, mit Positivvorgaben die Presseinhalte zu bestimmen. Im Juni 1940 wurde nach dem Fall Frankreichs besonders eingehend Presselenkung betrieben. Die Zeitungen wurden aufgefordert, „ruhig und sachlich und ohne Voreingenommenheit der gewaltigen militärischen Leistung der deutschen Armee gerecht zu werden und den Sieg gegen Frankreich nicht herabwürdigend nur der ‚Maschine' und dem ‚technischen' Einsatz zuzuschreiben".

Eine wichtige Voraussetzung des Zensurregimes bestand darin, daß die Medienschaffenden aus Einsicht Selbstzensur praktizierten. Die schweizerische Pressepolitik der Kriegsjahre bestand in wechselseitigen Erziehungsversuchen: Erziehen wollten nicht nur die Aufsichtsbehörden (für die zum größten Teil mobilisierte Presseleute tätig waren) die Redaktoren, erziehen wollten durchaus auch die Zeitungsleute die Zensoren. Tätigkeit und Wirkung der Zensur war ein öffentlich diskutiertes Thema. Im August 1943 machte sich der „Nebelspalter" mit den folgenden Zeilen (und einer entsprechenden Karikatur) über die Pressekontrolle lustig:

> Wie schnell entgleist der Journalist
> Sobald er ab der Leine ist.
> Statt sachlich und diskret zu bleiben
> Beginnt er skandalös zu schreiben.
> Der Leser weiß schon was ich meine.
> Jetzt ist er wieder an der Leine.

Die Demokratie lebte, wenn auch in reduziertem Maß, weiter. In den ersten anderthalb Jahren der Aktivdienstzeit wurden bezeichnenderweise keine Initiativen eingereicht; dann die beiden erwähnten für eine Reform des Bundesrates und des Nationalrates und 1942/43 schlagartig gleich deren fünf. Mit sich abzeichnender

Kriegswende kam wieder stärkeres Leben in die Innenpolitik beziehungsweise die Sozialpolitik. 1942 wurden Initiativen zum Schutze der Familie und zur Altersfürsorge lanciert, 1943 zwei Initiativen zum Schutze der Arbeit und eine gegen die Spekulation.

VI. Finanz- und Sozialpolitik

Lohnentwicklung

Es ist wichtig, zur Kenntnis zu nehmen, daß sich die existentielle Problematik der Schweiz weder auf die Frage beschränkte, wie weit man sich mit dem Dritten Reich einlassen, noch auf die Frage, ob die militärische Verteidigung am Rhein oder in den Alpen angelegt sein sollte. Es galt auch sicherzustellen, daß die Gesellschaft in sozialer Hinsicht funktionierte. Notlagen, wie sie die Jahre des Ersten Weltkriegs gebracht hatten, sollten sich nicht wiederholen. Mit der Lebensmittelrationierung garantierte man eine von der Kaufkraft unabhängige minimale Verteilungsgerechtigkeit. Im Januar 1940 wurde für Wehrmänner ein Rechtsanspruch auf Lohnausfallentschädigung eingeführt und mit einer gemischten Finanzierung sichergestellt: Arbeitgeber und Arbeitnehmer steuerten je 2 Lohnprozente bei, und die öffentliche Hand (Bund ⅔, Kanton ⅓) stellte einen gleich hohen Betrag zur Verfügung. Die AHV sollte 1947 dieses Finanzierungsprinzip übernehmen.

Das im September 1939 eingeführte Regime der Kriegswirtschaft führte in wichtigen Bereichen eine Preisbindung ein. Großhandels- und Einzelhandelspreise, Miet- und Pachtzinse, Elektrizitäts- und Gastarife etc. waren bewilligungspflichtig. Wer sich der Preisanschriftspflicht nicht unterzog, riskierte die Schließung seines Betriebs. Ein Anstieg der Konsumentenpreise konnte aber nicht verhindert werden: Der Index stieg 1939–1942 von 100 auf 146 Punkte, bis Kriegsende kamen dann aber nur noch weitere 6 Punkte hinzu.

Die Lohnentwicklung blieb allerdings hinter der Preisentwicklung zurück. Den Teuerungsausgleich wollte die Lohnbegutachtungskommission aus volkswirtschaftlichen Gründen nur partiell gewähren, weil sie nicht – bei gleichbleibender (knapper) Warenmenge – mit Lohnerhöhungen die Inflation anheizen und so eine Schwächung der Kaufkraft der wirtschaftlich schwachen Schichten herbeiführen wollte. Das reale Volkseinkommen sank bis 1941 um über 15%, erreichte dann aber bei Kriegsende wiederum den Vorkriegsstand. Daß der Detailhandelsumsatz noch weiter und länger zurückging, zeigt, daß die Kaufkraft breiter Bevölkerungsgruppen auch nach 1941 weiterhin schwach blieb.

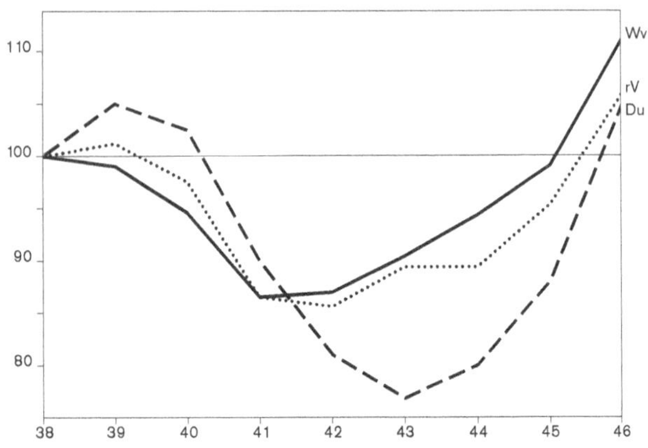

Reales Volkseinkommen (rV), Wochenverdienste (Wv) und Detailhandelsumsätze (Du) 1938–1946 (1938=100) *(Tanner, 1986, S. 196)*

Bundesfinanzen

Wie im Ersten Weltkrieg stiegen mit den außerordentlichen Staatsaufgaben auch die Staatsausgaben beziehungsweise der Bedarf an öffentlichen Geldern. Der Anteil der Militär- und Gesamtverteidigungsausgaben an den Gesamtausgaben des Bundes stieg, wie die nebenstehende Grafik zeigt, von 36,6% (1938) in zwei Jahren auf 80% und verblieb bis Kriegsende auf diesem Niveau. 31% der Militärausgaben wurden für Kriegsmaterial, 28% für die Mobilisationskosten, 15% für Bauten, 5% für Zivilpersonal und 21% für Weiteres ausgegeben. Zu den zivilen Landesverteidigungskosten gehörten die Ausgaben für Warenbeschaffung, das Seefrachtgeschäft, Arbeitsbeschaffung bzw. Subventionen besonderer Bauten und schließlich auch die 250 Mio. Gold-Franken für das Washingtoner Abkommen von 1946 (vgl. unten: Abschnitt zum Finanzplatz Schweiz).

Ein Teil dieser Kosten wurde, sofern diese Formulierung gestattet ist, mit einer 1938–1946 von ca. 2 auf ca. 9 Mia. Franken angestiegenen Verschuldung „bezahlt". Ein anderer Teil wurde mit zusätzlichen Steuern bezahlt. Der Bund nahm allerdings erst 1941 eine Anpassung der Einnahmen an die Ausgaben vor. Die eine Hälfte der zusätzlichen Einnahmen gewann man durch verschiedene Verbrauchssteuern, welche die einkommensschwachen Klassen

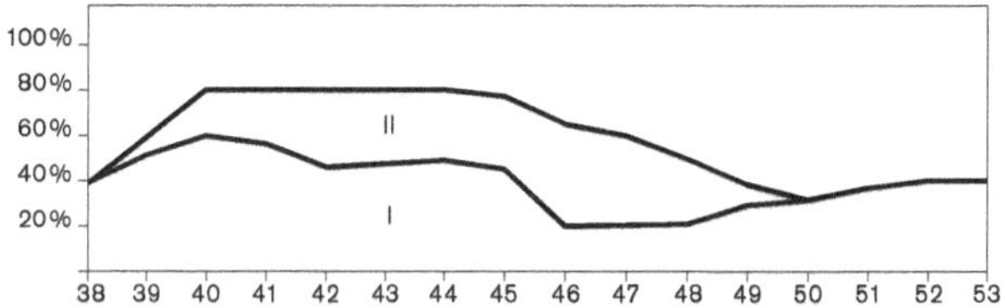

I: Ausgaben für militärische Landesverteidigung
II: Ausgaben für wirtschaftliche Landesverteidigung

Ausgaben für die Gesamtverteidigung in % der Gesamtausgaben 1938–1952 *(Tanner, 1986, S. 89)*

überproportional belasteten; die andere Hälfte durch Einkommens- und Vermögenssteuern, die bei den oberen Einkommensklassen ins Gewicht fielen. Der verstärkte Zugriff auf Einkommen und Vermögen betrieb, mit einiger Zurückhaltung, auch eine etwas ausgleichende Umverteilungspolitik. Die 1941 eingeführte Einkommenssteuer des Bundes (bis vor kurzem noch unter der Bezeichnung „Wehrsteuer" geführt) belastete die einkommensstarken Schichten besonders stark. Überdies schöpfte eine Kriegsgewinnsteuer bis zu 70% des Gewinns ab. Eine zweimalige Vermögenssteuer mit der Bezeichnung „Wehropfer" brachte über 600 Mio. Extra-Franken; schließlich wurde auch im Konsumbereich eine Steuer auf Luxusgüter erhoben. 1944 kam noch die Verrechnungssteuer hinzu. Diese verhalf ebenfalls zu weiteren Einnahmen, sie war zugleich aber eine Konzession zur Entkräftung weitergehender Forderungen der Linken nach Aufhebung des Bankgeheimnisses und Verschärfung des Steuerstrafrechts. Ein 1945 erstelltes Gutachten schätzte die vor dem Fiskus verborgenen Vermögens- und Kapitalbestände auf 6,2 Mia. Franken (2010: 31,2 Mia. Franken).

Arbeitsbeschaffung

Die Arbeitslosigkeit war bei Kriegsbeginn weitgehend entschärft. Nach dem Höchststand von 93000 im Jahre 1936 (=5% der aktiven Bevölkerung) waren im Sommer 1939 nur noch 28000 Arbeitslose zu verzeichnen; 1943 sollten es dann noch 8000 oder knapp 0,6% der aktiven Bevölkerung sein. Die Kriegsjahre brachten einen weiteren Abbau, ja sogar eine ungedeckte Nach-

Das Erlebnis der Massenarbeitslosigkeit von 1936 prägte noch 1940 das Verhalten. (© Hans Staub/Fotostiftung Schweiz)

frage nach Arbeitskräften. Noch im Sommer 1940 galt jedoch die Hauptsorge der unter Umständen schnell wieder eintretenden Arbeitslosigkeit. Darum versprach Bundespräsident Marcel Pilet-Golaz in der umstrittenen Radio-Rede vom Juni 1940 Arbeit um jeden Preis: „Der Bundesrat wird dem Schweizer Volk um jeden Preis Arbeit beschaffen. („Le travail, le Conseil fédéral en fournira au peuple suisse, coûte que coûte.“) Kurz darauf äußerte er sich gegenüber dem auch für die Aufrechterhaltung der inneren Ordnung verantwortlichen General: „Die Arbeitslosigkeit wird sich als fürchterliches Problem erweisen, das zu Unruhen führen könnte.“ („Le chômage va se présenter comme un problème redoutable, qui pourrait engendrer des troubles.“)

Das soziale Katastrophenszenario ging von einer massiven Störung der Rohstoffzufuhr und der Möglichkeit aus, die verarbeiteten Güter wieder auszuführen; des weiteren rechnete es wohl damit, daß im Falle von Massenarbeitslosigkeit auch eine gewisse Ansprechbarkeit durch nationalsozialistische Propaganda eintreten könnte. Man befürchtete trotz oder gerade wegen der überhitzten Hochkonjunktur, daß plötzlich Verhältnisse wie in den dreißiger Jahren wiederkehren könnten. Im Frühjahr 1941 ernannte der Bundesrat darum einen dem EMD unterstellten Delegierten für Arbeitsbeschaffung.

Die Armee war ein wichtiger indirekter Arbeitgeber. Von den 1939–1945 für Rüstung ausgegebenen 3 Mia. Franken entfielen 36% auf die Maschinen- und Metallindustrie, 7% auf die Textilindustrie, 6% auf das zivile Baugewerbe, 24% an Bundesorganisationen (Festungswesen, Militärwerkstätten) und der Rest von 27% in abnehmender Reihenfolge auf die Motorfahrzeugindustrie, die Leder- und Schuhindustrie, die optische und die chemische Industrie. Besondere Arbeitsaufträge fielen auch bei den Meliorationsarbeiten und beim Bau von Elektrizitätsanlagen (Staumauern) an.

Frauenarbeit

Die in Wirklichkeit eingetretene Verknappung der Arbeitskräfte verschärfte die zwischen Armee, Exportindustrie und Landwirtschaft geführten Diskussionen um die Frage, welche Arbeitskraft wem zustehe. Erstaunlicherweise führte diese Verknappung der Arbeitskraft aber nicht zu einem verstärkten Einbezug der Frauen

Genfer Industriebetrieb produziert Rüstungsgüter für die Schweizer Armee – und für die Wehrmacht. *(Schweiz. Militärbibliothek, Bern)*

ins außerhäusliche Wirtschaftsleben, obwohl beinahe spektakuläre Bilder – Frauen als Billetteusen in Straßenbahnen! – eigentlich einen gegenteiligen Eindruck vermittelten. Anders waren die Verhältnisse in den diesbezüglich statistisch nicht erfaßten Bauernbetrieben. Die Zahl der erwerbstätigen Frauen sank während des Krieges auf einen absoluten Tiefpunkt: 1930 hatte die Statistik noch 611268 voll erwerbstätige Frauen registriert, 1941 waren es noch 570215, wovon 70% ledige, 21% verwitwete oder geschiedene und 9% verheiratete.

Bevölkerungsentwicklung

Bei leichter Zunahme der Eheschließungen nahm die Geburtenhäufigkeit stark zu. Waren nach dem Kulminationspunkt der großen Rezession 1937 noch etwa 62000 Kinder zur Welt gekommen, stieg die Zahl seit Kriegsbeginn kontinuierlich von 64000 (1940),

Eine „tramelote“ in Lausanne: Frauen als spektakuläre Lückenbüßerinnen für ins Militär einberufene Männer. *(Payot)*

auf 72000 (1941), 79000 (1942), 83000 (1943), 86000 (1944) und 88000 (1945). Noch an der „Landi 39“ (Landesausstellung 1939) hatte man sich im Rückblick auf die dreißiger Jahre und ganz im Einklang mit dem sozialdarwinistischen Zeitgeist gefragt, ob die Schweizer ein „vergreisendes“ und aussterbendes Volk seien.

Hatte man in den 20 Jahren zwischen 1918 und 1938 bloß einen Bevölkerungszuwachs von rund 310000 verzeichnen können, betrug die Zunahme in nur der Hälfte der folgenden Zeitspanne zwischen 1938 und 1948 rund 400000 Menschen. 1938 hatte die Wohnbevölkerung 4,187 Mio. Menschen betragen, 1948 sollten es dann 4,582 Mio. Menschen sein.

VII. Verkehrspolitik

Die Verkehrspolitik bildet eine wichtige Schnittstelle zwischen der Sicherheits- und Außenpolitik und der Wirtschaftspolitik. Einerseits ging es darum, die Landesversorgung mit Gütern von existentieller Wichtigkeit sicherzustellen, andererseits darum, den Eisenbahntransit so zu gestalten, daß er in den Beziehungen zu den Achsenmächten als Trumpf genutzt werden konnte, ohne daß diese Nutzung in den Beziehungen zu den Alliierten eine zu starke Belastung wurde.

Gewisse Versorgungsprobleme hatten ihren Grund weniger im Fehlen der Güter als in der Schwierigkeit, an sich vorhandene Güter herbeizuschaffen. Ein zu diesem Zwecke geschaffenes Kriegstransportamt nahm sich offiziell der Aufgabe an, mit staatlichen Maßnahmen Transporte von und nach der Schweiz zu erleichtern.

Eisenbahntransporte

Die Schweiz mußte während des Krieges in großem Umfang leere Eisenbahnwagen zur Abholung von Waren ins Ausland schikken. 1939–1946 waren dies etwa 303000 Wagen nach Deutschland und den von ihm besetzten Gebieten, etwa 179000 Wagen nach Italien und etwa 97000 Wagen nach Frankreich. Zur Sicherung der Kohlentransporte aus Deutschland mußte die Schweiz der Reichsbahn auch Dampflokomotiven zur Verfügung stellen. In den letzten Kriegsmonaten stellten die SBB auch der SNCF Maschinen für Transporte von der iberischen Halbinsel zur Verfügung. Der Rhein als wichtiger Verbindungsweg für Massengüter stand während des Krieges nicht zur Verfügung.

Welche Haltung nahm die Schweiz bezüglich der wichtigen Nord-Süd-Transitlinien ein? Diesem Transit waren, sofern er nicht Truppen und Kriegsmaterial betraf, keine neutralitätsrechtlichen Grenzen gesetzt. Bekanntlich ist aber die Trennung zwischen Zivilgütern und Kriegsmaterial schwer vorzunehmen. Aus den deutschen Äußerungen zu schließen, war der Transit – auf der Gotthard- wie auf der Lötschberg-Simplon-Linie – durch die Schweiz während gewissen Zeiten für das Dritte Reich „von besonderem militärischen Interesse", weil ein großer Teil des Nachschubs beispielsweise für das Afrikakorps auf diesem Weg befördert wurde. Mit der britischen Mittelmeerblockade wurden die Alpeneisenbahnen für die Versorgung Italiens besonders wichtig. Während anfänglich in der einen Richtung vor allem deutsche Industriegüter und Kohle und in der anderen Richtung italienische Agrarprodukte transportiert wurden, holte sich Deutschland gegen Ende des Krieges aus Italien auch Industriegüter.

Während in den Vorkriegsjahren in sämtlichen Richtungen pro Jahr rund 2,5 Mio. Tonnen Güter die Schweiz passierten, stieg der auf den Nord-Süd-Verkehr eingeschränkte Transit in den Jahren 1940–1944 auf einen Jahresdurchschnitt von über 6 Mio. Tonnen. Die Wichtigkeit der Kohlenversorgung via die Schweiz war, zeigen die folgenden Prozentanteile:

Anteile der Zufuhr durch die Schweiz

1938	11,7 %
1939	16,5 %
1940	35,3 %
1941	51,0 %
1942	47,9 %
1943	53,5 %
1944	61,9 %

Der Alpentransit war den Alliierten begreiflicherweise ein Dorn im Auge. Die Bombardierungen der Basler Geleiseanlagen im Dezember 1940 und März 1945 sowie des Basler Rheinhafens im Mai 1943 können als Irrtum, sie können aber auch als vorsätzliche Aktion zur Warnung der Schweizer Behörden interpretiert werden. Politischen Druck erzeugten die Alliierten erst gegen Ende 1943 nach der Landung in Italien, sie begnügten sich zunächst mit der Forderung nach einer Beschränkung auf den Vorkriegs „courant normal". Die deutsche Seite übte mit der Forderung nach maximaler Liberalisierung einen entsprechenden Gegendruck aus und hatte darin einen gewissen Erfolg, solange sie auch die Schweiz mit Gütern (insbesondere mit Kohle) belieferte. Erst im Rahmen der sogenannten Currie-Verhandlungen (mit Abschluß am 8. März 1945) erklärte sich die Schweiz bereit, den Transit für Kohle und Stahl vollständig zu unterbinden.

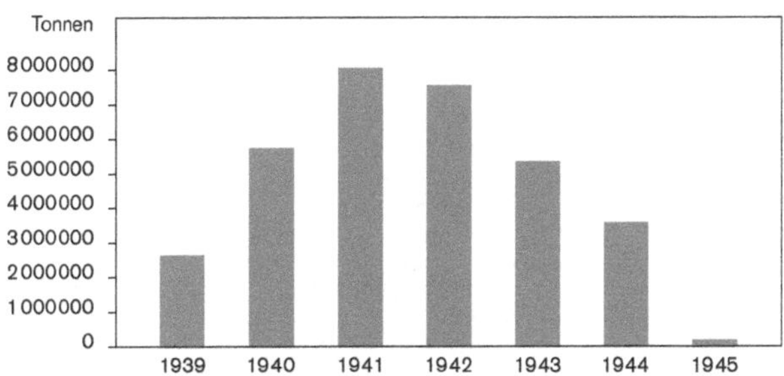

Nord-Süd-Schienentransit 1939–1945

Daß aus der Erlaubnis, die großen Alpentunnels zu benützen, den Achsenmächten eine Begünstigung erwuchs, ist unbestritten; zu klären bliebe allenfalls die Frage, ob und wie die erwirkte Begünstigung für den Kriegsverlauf ins Gewicht fiel. Gegen Ende des Krieges wurde diese Nabelschnur, welche die in Oberitalien kämpfenden Deutschen mit ihrem Mutterland verband und ihre Widerstandskraft nährte, von den Alliierten als so wichtig angesehen, daß sie in den Wirtschaftsverhandlungen mit der Schweiz eine Unterbrechung des Transits durchzusetzen versuchten. Die Haltung der Schweiz entsprach aber durchaus den für neutrale Staaten geltenden Bestimmungen des Völkerrechts, doch brachte in diesem Fall die Rechtslage eben eine Begünstigung der Achsenmächte.

Die langen Züge, die nachts pausenlos auf der Nord-Süd-Achse durch die Schweiz rollten, gaben natürlich zu allerhand Spekulationen Anlaß. Truppen und Kriegsmaterial im engeren Sinn wurden, wie sich die mißtrauische Eisenbahnergewerkschaft in privaten Kontrollen versicherte, auf schweizerischen Geleisen nicht verschoben. In jüngster Zeit sind Aussagen verbreitet worden, wonach Judendeportationen aus Italien auch durch die Schweiz geführt worden seien. Dazu eingeholte Expertenmeinungen und minutiöse Abklärungen bestätigen dies nicht. Hingegen ist belegt und seit längerem bekannt, daß 1941–1943 rund 180000 italienische Arbeiter nach Deutschland und rund 130000 zurück nach Italien in verschlossenen Wagen transportiert wurden, wobei sich die schweizerischen Transporte nicht auf die schweizerische Strecke beschränkten. Nach der Besetzung Italiens durch den vormaligen

Aus der Hochseemarine des Alpenstaates: Die „St.Gotthard" bei der Einfahrt in den Hafen von Marseille. *(L'Illustré, Meylan, Genève)*

Bündnispartner Deutschland im Spätsommer 1943 wurden solche Durchfahrten nicht mehr gestattet, zumal man annehmen mußte, daß viele dieser Arbeiter zwangsweise nach Deutschland gebracht würden. Später, im August 1944, wurden mehrere Züge mit deutschen Schwerverwundeten nach dem Norden durchgelassen.

Schiffstransporte

Den Überseetransport hoffte man mit der Charterung von eigenen Schiffen sicherzustellen. Das Kriegswirtschaftsamt hielt nach Staaten Ausschau, die mit einer hohen Wahrscheinlichkeit neutral bleiben und das Versprechen abgeben würden, im Kriegsfall die Schiffe nicht selber in Anspruch zu nehmen. Da von skandinavischer Seite letzteres nicht versprochen wurde, übernahm die Schweiz schließlich 15 griechische Frachter. Nach Italiens Überfall auf Griechenland bestand die Ersatzlösung darin, daß sie einen Teil dieser Schiffe kaufte und unter eigener Flagge betrieb, also eine eigene Hochseeflotte unterhielt. Ein großer Teil der Mannschaft war allerdings nicht schweizerischer Nationalität, weil es, abgesehen vom Funk- und Verpflegungsdienst, in dieser Branche keine nationale Berufstradition gab. Auch in schweizerischem Privatbesitz befindliche Schiffe wurden vom Staat mietweise übernommen, weil Großbritannien keine privaten Transporte Gibraltar passieren ließ. Alle Schiffe waren groß mit „Switzerland" markiert, die Alliierten erhielten via Bern jeden Tag die Standortmeldungen der Frachter, und die Löschung der Fracht wurde in Lissabon jeweils genauestens überwacht. Die „Albula" und die „Generoso" stießen auf Seeminen und sanken, die „Chasseral" ging ebenfalls verloren, die „Maloja" wurde von Flugzeugen angegriffen und torpediert, andere Schiffe mußten an England abgetreten werden. Nach dem Krieg wurden die verbleibenden 8 Schiffe wieder abgestoßen, der Bund schied auf den 1. Januar 1948 aus dem Kreise der Reeder wieder aus.

Lufttransporte

Der Luftverkehr hätte im Belagerungszustand, in dem sich die Schweiz befand, von besonderer Wichtigkeit sein können. Es zeigte sich aber, daß die Schweiz auch diesbezüglich gänzlich von der Haltung der sie umschließenden Mächte abhing. Der Kriegsausbruch brachte einen brüsken Unterbruch der bestehenden Verbindungen nach Paris, London, Wien, Berlin, München und Amsterdam. Swissair-Linienflüge konnten später einzig wieder fliegen nach Rom (März–Juni 1940, Januar 1941), Barcelona (April–Juni 1940), München (September 1940–November 1941), Berlin (November 1941–Januar 1943), wurden dann auf Stuttgart reduziert und wegen des wachsenden Risikos im August 1944 eingestellt. Kurz zuvor war eine DC-2 der Swissair auf dem Stuttgarter Flugfeld von amerikanischen Jagdflugzeugen in Brand geschossen worden.

Im Sommer 1940 machte Italien die Wiederaufnahme der Flüge nach Barcelona von Zwischenlandungen in Mailand und von Transitvisa abhängig. Es sollte vermieden werden, daß diese Linie ein unkontrolliertes Schlupfloch der Emigration blieb. Die ebenfalls im Sommer 1940 unterbrochenen Flüge nach Rom standen im Verdacht, vom Secret Service mißbraucht zu werden. Später in Berlin unternommene Versuche, eine Bewilligung für die Barcelona-Lissabon-Linie zu erhalten, scheiterten ebenfalls. Am 22. Juni 1940 fand der letzte der offenbar lukrativen Emigrantenflüge nach Belgrad statt. Emigranten waren bereits in der Vorkriegszeit und insbesondere auf dem Flug von Wien ein wichtiger und willkommener Teil des Passagieraufkommens. Die bis im Juni 1940 geführten Flüge nach Barcelona waren beinahe ausschließlich von jüdischen Emigranten besetzt. Der Flugleiter des Flugplatzes von Locarno, von wo diese Flüge starteten, berichtet, daß die Emigranten bereit gewesen wären, jeden Preis zu bezahlen, und ihn mehrmals spät in der Nacht in seiner Privatwohnung bedrängt hätten.

Es fällt auf, daß keine Verbindungen mit Frankreich zustande kamen. Französischerseits begründete man die Verweigerung einer Fluggenehmigung mit der Abschußgefahr. Im ersten Kriegshalbjahr war der französische Luftraum für die Swissair derart rigoros gesperrt, daß die Barcelona-Flüge weit über das Meer ausweichen mußten, um nicht die Dreimeilenzone zu tangieren. Wie schwierig die Luftverbindung nach dem Westen war, zeigen zwei geschilderte Reisen nach New York. Beide wurden mit den damals üblicherweise eingesetzten Wasserflugzeugen unternommen: die erste vom Juli 1943 von Lissabon über Portugiesisch Guinea, Liberia, Brasilien und die Bermudas; die zweite vom Oktober 1944 via Dakar ebenfalls nach Portugiesisch Guinea und Brasilien (Natal), dann in kurzen Etappen nach Belem, Port of Spain auf Trinidad, San Juan auf Puerto Rico und Bermuda nach New York. Auf dem letzten Teilstück wurden die Fenster verhängt, um allfällige Transportflotten militärischen Charakters (sog. Geleitzüge) vor den Blikken der Passagiere zu schützen.

Die englische Regierung hatte schon im Oktober 1940 und im Januar 1941 eine direkte Luftverbindung zwischen Zürich und London gefordert. England unterstrich sein Anliegen, indem es acht beschlagnahmte Schiffe mit Kohle, Eisen und Getreide freizugeben versprach, wenn die Flugverbindungen zugestanden würden. Für eine Linie nach dem Westen sprachen neutralitätspolitische Gründe, bestanden doch solche Flugverbindungen mit Deutschland und Italien. Auf diesem Weg hätten dringend benötigte Bestandteile für Präzisionsinstrumente exportiert werden können, die in Ermangelung einer Luftverbindung mühsam auf dem Schmuggelweg in den Westen gelangten (vgl. auch S. 75).

Swissair DC-2 Passagierflugzeug mit Kriegsbemalung. *(Swissair)*

Die Schweiz lehnte mit den folgenden Argumenten ab: Ausländische Flugzeuge dürften nur die Grenzflugplätze Cointrin, Basel, Altenrhein und Magadino anfliegen, die im Landesinnern liegenden Flugplätze hätten militärischen Charakter und dürften deshalb nicht benützt werden. Die Grenzflugplätze aber seien von der gegnerischen Artillerie leicht erreichbar, weshalb bei Anflügen westlicher Maschinen Verletzungen schweizerischer Personen und schweizerischer Einrichtungen befürchtet werden müßten. Zudem hätte eine Luftbrücke mit London über französisches Territorium führen müssen. Die deutsche Besatzungsmacht würde gegen die Überfliegung ihr Veto einlegen, dadurch würden solche Flüge irregulär, und für irreguläre Flüge dürfe die Schweiz keine Landeerlaubnis gewähren, es sei denn, man hätte das Flugzeug nachher interniert. Das vom spanischen Gesandten in der Schweiz geförderte Projekt, wenigstens eine indirekte Verbindung über Madrid oder Lissabon herzustellen, ließ sich auch nicht verwirklichen.

Die Swissair interessierte sich für ein im August 1942 notgelandetes britisches Mosquito-Aufklärungsflugzeug und hoffte, es für einen noch zu schaffenden Kurierdienst nach England einsetzen zu können. Anfänglich wollte die Schweizer Armee die Maschine für sich beanspruchen. Im Oktober 1944 stellte man sie der Swissair schließlich doch, aber nur „leihweise" zur Verfügung. Gewisse

Transportkolonne 1944 in Genf: Überseegüter mußten von Portugal und Spanien mit Lastwagen in die Schweiz geholt werden. *(Ringier, Zürich)*

technische Änderungen wurden vorgenommen, einige Piloten darauf auch ausgebildet, der vorgesehene Kurierdienst konnte aber nicht verwirklicht werden. Die ersten Luftverbindungen mit dem Westen kamen erst nach Kriegsende zustande: im Juli 1945 mit Paris und im September mit Amsterdam und London.

Die momentanen Verbindungen waren aber nur ein Aspekt der Problematik. Wichtig war für die nationale Fluggesellschaft mit dem damals etwas lästigen angelsächsischen Namen „Swissair“ und vorwiegend amerikanischen Flugzeugen, daß sie als Unternehmen überlebte und in der Nachkriegszeit ohne großen Rückstand wieder ins internationale Geschäft einsteigen konnte. Das Unternehmen betrieb zuweilen allerdings auch etwas mehr als bloße Überlebenssicherung und ließ sich aus Gewinnstreben zu Geschäften mit dem Dritten Reich verleiten, die ihm später zur Last gelegt wurden. Die Revisionsarbeiten für die Lufthansa mußte es Ende 1943 auf Anordnung des EMD einstellen, analoge Arbeiten an deutschen Militärflugzeugen hatte Swissair möglicherweise schon vorher aufgegeben. Ersatz für dieses – im übrigen bereits in einer Verwaltungsratssitzung vom März 1942 als problematisch eingestufte – Drittgeschäft fand sich bald in der ebenfalls sehr rentablen Bergungs- und Demontagearbeit an internierten US-Bombern.

Lastwagentransporte

1941–1944 sicherte ein schweizerisches Lastwagentransport-Syndikat „Autotransit“ den Landtransport von Überseegütern, die nicht über den Schiffspendelverkehr von Lissabon nach Barcelona, Sète und Genua spediert werden konnten, an die französische Grenze, von wo die Waren mit der Bahn nach der Schweiz weitertransportiert wurden. Die Kapazitäten der portugiesischen und spanischen Eisenbahnlinien reichten nicht aus, zudem mußte die Ware wegen der größeren Spurbreite der iberischen Bahnen an der französischen Grenze ohnehin umgeladen werden. Benzinmangel und Pneurationierung beeinträchtigten jedoch den Betrieb, der immerhin gegen 20000 t Importgüter und etwa 1250 t Exportgüter transportierte. Im August 1944 wurden mit einer Sonderaktion Güter, die im Raume Lyon auf der Eisenbahnlinie steckengeblieben waren, in 165 Camionladungen mitten durch Kampfgebiet in die Schweiz gebracht. In dieser Zeit erlebte die Schweiz die größte Güterverknappung. Nach einem Unterbruch infolge der Befreiung Frankreichs konnte die „Autotransit“ nochmals für ein paar Wochen ihren Betrieb aufnehmen und auf dem Hinweg 620 t exportieren und auf dem Rückweg 862 t importieren.

VIII.
Wirtschafts- und Handelspolitik

Die außerordentlichen Ziele der nationalen Wirtschaftspolitik in außerordentlicher Zeit waren klar: Erhaltung, wenn möglich sogar Förderung der wirtschaftlichen Kapazität für den momentanen Bedarf und für die Zeit „danach". Die Wirtschaftspolitik hatte sich zugleich in den Dienst der Landesverteidigung zu stellen.

Die Befriedigung des momentanen Bedarfs war durch zwei Umstände stark erschwert: einmal durch die wechselnden Interessen der auf die Kriegsbedürfnisse ausgerichteten internationalen Wirtschaft und zum anderen durch die Blockaden und Gegenblokkaden der beiden Kriegsparteien. Und was die Perspektive auf die Nachkriegszeit betrifft: sie war insofern wichtig (und wird in der retrospektiven Diskussion gerne übersehen), als man die Präsenz im internationalen Wettbewerb zum mindesten erhalten wollte.

Es war klar und muß in den aktuellen Debatten vielleicht wieder klargemacht werden, daß die schweizerische Wirtschaft mit der nichtschweizerischen stark verflochten war und die kleine und rohstoffarme Schweiz ihre Bedürfnisse nie alleine (autark) dekken konnte. In der Wirtschaftspolitik spielte darum die Handelspolitik eine wichtige Rolle.

Es entspräche aber nicht der Realität, wenn man annähme, daß das Verhalten aller Wirtschaftsakteure allein durch das nationale Interesse (Güterversorgung, Vollbeschäftigung etc.) bestimmt gewesen sei. Das Erwirtschaften von Erträgen und die Mehrung von Marktanteilen waren hier wie andernorts die primären Motive und dieses nicht immer in Harmonie mit kollektiven Interessen. Die schweizerische Aluminiumindustrie (wichtig z.B. für den Flugzeugbau) lieferte nach 1940 ausschließlich an die Achsenmächte mit der Konsequenz, daß der Bedarf der Schweizer Armee und der Inlandindustrie nicht befriedigt werden konnte.

1938–1941 erzielten die Unternehmen eine Gewinnsteigerung um 5%, die landwirtschaftlichen Produzenten hingegen um 40%, in der zweiten Kriegshälfte mußte die gesamte Wirtschaft Gewinnrückgänge hinnehmen. Als große Kriegsgewinnler erscheinen die Bau-

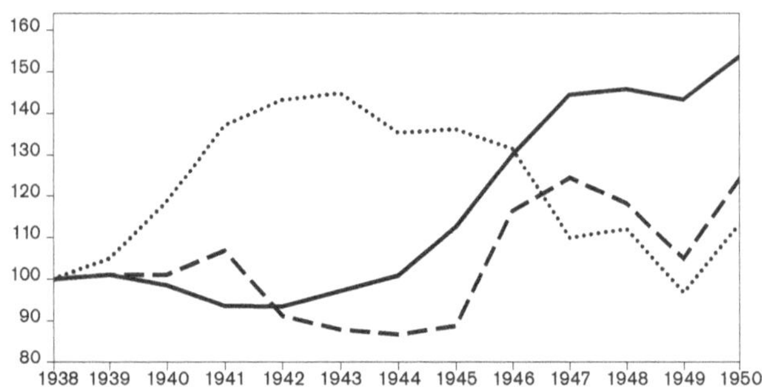

_____ Löhne und Gehälter
_ _ _ _ Unternehmensgewinne
. . . . . . Landwirtschaft

Index der Löhne und Gehälter, der Unternehmensgewinne und der Einkommen der Landwirtschaft *(Jost, 1998, S. 11)*

ern, die Unternehmen erlebten schon 1941 einen Gewinnrückgang, der unter das Niveau von 1938 ging und 1944 bei etwa minus 10% seinen Tiefstpunkt hatte.

Außerhalb des Bereichs der leicht mit nationalen Wirtschaftsinteressen begründbaren Aktivitäten lagen die von Schweizern getätigten Übernahmen jüdischer Unternehmen im Dritten Reich (bekanntester Fall die Übernahme von 1935 der Firma Strauß durch das schweizerische Tabakunternehmen Villiger) sowie der Einsatz von Zwangsarbeitern in schweizerischen Filialbetrieben in Deutschland (bekanntester Fall die rund 3200 Zwangsarbeiter, die in Singen bei Georg Fischer AG, den Aluminium-Walzwerken und Maggi-Kemptthal eingesetzt waren).

Organisation der Kriegswirtschaft

Das Wirtschaftsleben der Schweiz war wegen der existentiellen Bedeutung dieses Sektors einer starken staatlichen-parastaatlichen Regulierung unterworfen. Staatlich waren die Vorschriften und der organisatorische Rahmen, parastaatlich die Detailregelung und die Umsetzung. Die Zentralstelle für Kriegswirtschaft umfaßte neben der Handelsabteilung, der Preiskontrollstelle und

Hochkonjunktur für Altstoffsammlungen. Durch Wiederverwertung sollte die Rohstoffknappheit entschärft werden. *(© Hans Peter Klauser, Fotostiftung Schweiz/VBK, Wien 2011)*

dem Büro für das landwirtschaftliche Anbauwerk verschiedene Ämter, die schon mit ihrer Bezeichnung zum Ausdruck brachten, daß sie kriegsbedingte Probleme zu bearbeiten hatten. Das Kriegsernährungsamt war für die Rationierung und Verteilung der Lebensmittel und insbesondere für die Getreideversorgung, das Kriegsfürsorgeamt für die verschiedenen Arten der Sozialversicherung, aber auch für die Heimschaffungen von Schweizerinnen und Schweizern und für das Flüchtlingswesen verantwortlich.

Die wichtigste Unterabteilung war das Kriegsindustrie- und Arbeitsamt mit zahlreichen nach Rohstoffen und Produktionsbranchen eingeteilten Sektionen etwa für Metalle, Textilien, für Holz, für Papier und Zellulose, für Leder und Kautschuk, für Elektrizität etc. Diese Stelle hatte auch über die Berücksichtigung der sich konkurrenzierenden zivilen und militärischen Interessen zu entscheiden, zum Beispiel in der Frage, ob der 1942 rationierte Zement für Festungsbauten oder für die allgemeine Landesversorgung (Meliorationsarbeiten der Landwirtschaft, Ausbau der Kraftwerke und Erstellung industrieller Anlagen) zur Verfügung zu stellen sei.

Eine besondere Stelle kümmerte sich um die Altstoffbewirtschaftung. Das recycling entsprach damals einer unbedingten Not-

Kohlen waren Mangelware – geheizt wurde unter anderem mit Torfbriketts. *(Schweiz. Bundesarchiv, Bern)*

wendigkeit. Eine andere Stelle war für die Pneubewirtschaftung zuständig. Wer einen Velopneu beziehen wollte, mußte einen langen Arbeitsweg geltend machen. Eine andere Stelle befaßte sich mit rationeller Materialverwertung und Ersatzstoffen.

Die einzelnen Sektionen wurden von Fachleuten geleitet, die von der Privatindustrie für diese Aufgabe freigestellt worden waren. Die gemischte Verwaltung der Kriegswirtschaft – einerseits durch Beamte, andererseits durch Leute aus der Privatwirtschaft – dämpfte den etatistischen Charakter der staatlichen Kontrolle, sie entsprach dem eidgenössischen Milizsystem und dem Prinzip der größtmöglichen Selbstverwaltung, förderte aber bereits bestehende korporativistische Tendenzen. Daneben übernahm die Wirtschaft in eigener Regie auch noch Ordnungsfunktion, indem sie sich in Syndikate aufteilte, welche die Wirtschaftsinteressen untereinander absprachen.

Das Milizsystem der Kriegswirtschaft brachte neben dem Nachteil der Interessenverfilzung manche Vorteile: 1. Die Sachverständigen waren mit ihrem Erfahrungswissen direkt am Entscheidungsprozeß beteiligt. 2. Die Wirtschaft mußte sich den Anordnungen der „eigenen Leute" eher fügen. 3. Der Verwaltungsapparat wurde nicht allzusehr aufgebläht. Die Zahl der Mitarbeiter stieg trotzdem von 221 im Jahre 1939 auf 3285 im Jahre 1944. Paradoxe Situation: Je weniger Güter vorhanden waren, desto mehr Leute mußten eingestellt werden, die sich mit deren Verteilung befaßten. Die Ausweitung des Verwaltungsapparates war überdies mit wachsenden Koordinationsproblemen verbunden, die nach weiteren Verwaltungsleuten riefen. Der Bundesverwaltung standen damals in größerer Zahl hochqualifizierte Leute zur Verfügung – Leute, die in normalen Zeiten zum Teil im Ausland gearbeitet hätten.

Außenhandel

Zu Beginn des Zweiten Weltkieges waren die Exporte nach den Gebieten der Westmächte und der Achsenmächte einigermaßen ausgewogen, mit einem etwas größeren Betrag auf Seiten des Westens: Die Ausfuhren nach Deutschland und Italien hatten einen Wert von 272 Mio. Franken (D: 191,5 und I:80,7), diejenigen nach Frankreich und England rund 305 Mio. Franken (F: 140,1 und E: 164,5). Ganz anders waren die Verhältnisse von Anfang an beim Import, da lag der entschieden größere Anteil auf Seiten der Achsenmächte mit rund 576 Mio. Franken (D: 440,4 und I: 135,2) versus die für rund 385 Mio. Franken (F: 275,3 und E: 109,3) aus dem Westen stammenden Güter.

Nach Frankreichs Zusammenbruch änderten sich die Verhältnisse drastisch. Die Gegenblockade der Achse drückte den Handelsbeziehungen den Stempel auf. Von 1939 bis 1941 verdreifachte sich der jährliche Export nach Deutschland auf 577 Mio. Franken, nach Italien verdoppelte er sich auf 185,6 Mio. Franken. Nach Frankreich dagegen nahm er auf 91,4 Mio. Franken und nach England sogar auf 23 Mio. Franken ab. Ähnlich beim Import: Der Wert der aus Deutschland bezogenen Waren stieg um ein schwaches Drittel auf 656, 2 Mio. Franken, derjenige der aus Italien stammenden Waren um über ein Drittel auf 244,5 Mio. Franken an. Was an

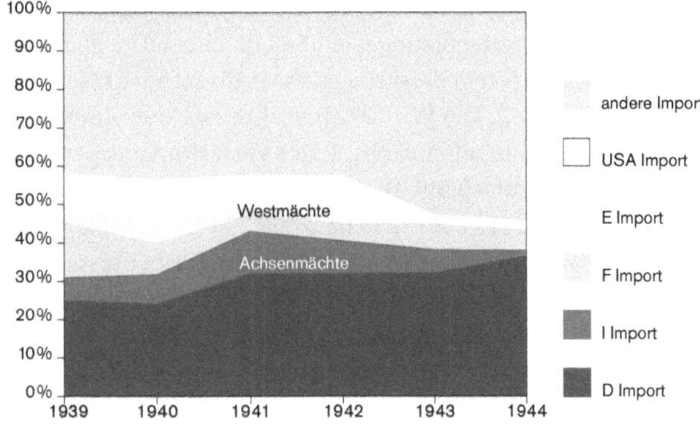

Außenhandel der Schweiz während des Zweiten Weltkriegs
Importe 1939–1944

Einfuhren aus Frankreich und England möglich war, schrumpfte ganz gewaltig – im Falle des französischen Anteils auf 72,1 Mio. Franken und immerhin um etwa ein Drittel im Falle des britischen Anteils auf 68 Mio. Franken.

In Prozent ausgedrückt stiegen die deutschen Importe von 23,3% im Jahre 1939 auf 36,5% im Jahre 1944 an, die britischen Importe sanken dagegen in der gleichen Zeit von 5,8% auf 0,1%. Die analogen Exportanteile betrugen in der deutschen Variante 14,8% und 25,9% und in der britischen Variante 12,7% und 3%.

Die Handelsbilanz mit Deutschland war mit Ausnahme des Jahres 1943 immer negativ, d.h. die Schweiz bezog mehr, als sie lieferte.

Im Großen und Ganzen waren die Handelsbeziehungen jeweils das Ergebnis der gerade herrschenden Kriegsstärken und divergierenden Kriegsinteressen. Während die schweizerische Handelsdiplomatie im nationalen Interesse die Rahmenbedingungen so günstig wie möglich gestaltete, nutzten die einzelnen Unternehmen diese wohl weitgehend nach rein ökonomischen Gesetzmäßigkeiten, das heißt nach den Möglichkeiten des Marktes.

Obwohl eine schweizerische Argumentation die Lieferungen für das Dritte Reich im Rückblick auch als Beitrag gegen die Arbeitslosigkeit und damit gegen die soziale Destabilisierung (und Anfälligkeit für faschistische Propaganda) rechtfertigen möchte, wurde nach dem Krieg die für diesen Export eingesetzte

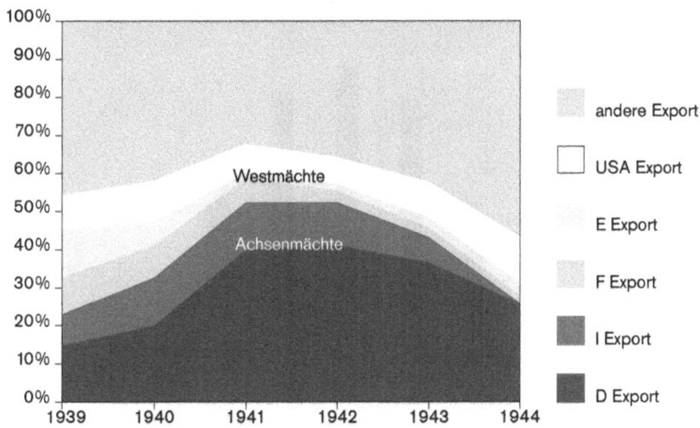

Außenhandel der Schweiz während des Zweiten Weltkriegs
Exporte 1939–1944

Arbeitskraft als minim dargestellt: Der jährliche Durchschnittsexport nach Deutschland habe einen Wert von 443 Mio. Franken ausgemacht, dies habe einem Beschäftigungsvolumen von 40000–60000 Arbeitern und einem Anteil von 2% bis 3% der gesamten Produktionskraft entsprochen. Mit dieser Rechnung würde auch der damals in weiten Kreisen zirkulierende Spruch widerlegt, daß die Schweiz unter der Woche für den Sieg der Achsenmächte gearbeitet und am Sonntag für den Sieg der Alliierten gebetet habe; ein Spruch, der übrigens auch in der Variante herumgeboten wurde, daß man tagsüber für die eine Seite gearbeitet und nachts für die andere gebetet habe.

Überwachung der Warenströme

Das Funktionieren des permanenten Handelsaustausches war die entscheidende Voraussetzung für die erfolgreiche Durchführung der Kriegswirtschaft. Deshalb unterstellte man den Außenhandel einer strengen staatlichen Kontrolle. Der Außenhandel war sogar einer doppelten, ja einer dreifachen Kontrolle ausgesetzt: Zur schweizerischen kam die ausländische Kontrolle hinzu. Und die ausländische wurde, mindestens im Prinzip, von beiden Kriegsparteien durchgeführt. Am äußeren Blockadering wollten die Alliierten sicherstellen, daß die Überseezufuhr nicht über die

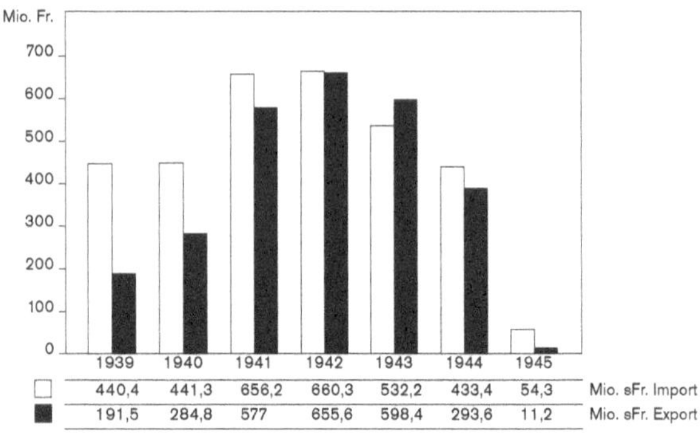

Handelsbilanz mit Deutschland 1939–1945

Schweiz dem Feind zukomme. Und am inneren Ring der Gegenblockade überwachten die Achsenmächte den schweizerischen Handel mit den Alliierten. Was bei den einen möglich war, hing zum Teil von dem ab, was den anderen zugestanden oder eben nicht zugestanden wurde. Beide Parteien hatten wenig Verständnis für die besondere Situation des neutralen Kleinstaates und waren bestrebt, die Schweiz in ihre Blockadefront einzuspannen. Daß die Achsenmächte die schweizerische Wirtschaft für sich in Anspruch nehmen wollten und vom Wirtschaftsraum der Alliierten abzuschneiden versuchten, ist bekannt. Weniger bekannt ist, daß die Westmächte unter der Führung Großbritanniens 1939 mit der Blockade vorangingen und sie vom ersten Tag an strikte anwandten.

Im Ersten Weltkrieg war die Kontrolle durch die Kriegsparteien direkt auf Schweizer Boden durchgeführt worden, was man als demütigende Einschränkung der nationalen Hoheitsrechte empfand. Bei Kriegsbeginn gab der Bundesrat denn auch die entschiedene Erklärung ab, daß er diese Kontrolle nicht mehr dem Ausland zu überlassen gedenke. Es wäre allerdings ein Irrtum gewesen zu glauben, die Schweiz hätte in wirtschaftlichen Fragen eine vollständige Souveränität pflegen können. Gerade die schweizerische Wirtschaft hing in hohem Maße vom Ausland ab. Diese Dependenz konnte im günstigsten Fall zu einer Interdependenz ausgestaltet werden. Die Wechselseitigkeit der Abhängigkeiten jedoch konnte in Anbetracht des Standortes und des Wirtschaftsvolumens der Schweiz kaum ausgeglichen sein. Die Schweiz war der stärker abhängige Teil und befand sich darum in einer gewissen Unterlegenheit. Die Inferiorität konnte allenfalls mit Verhandlungsgeschick und, was auch unerläßlich war, mit „halsstarriger Zähigkeit" gemildert werden.

Die Vertreter der Wirtschaftsverbände waren auch an der Gestaltung der Außenhandelsbeziehungen direkt beteiligt. Ziel der Verhandlungen mit den Handelspartnern beider Kriegslager war die Sicherstellung der Landesversorgung mit Nahrungsmitteln und Rohstoffen. Beides war sowohl für die zivile als auch die militärische Leistungsfähigkeit des Landes von existentieller Bedeutung. Bei den einzelnen Firmen ging es dagegen, ohne viel Rücksicht auf Gesamtinteressen und moralische Fragen, auch um die Steigerung der Unternehmensgewinne.

Die Schweiz führte ihre Wirtschaftsverhandlungen bilateral, mit den Schlüsselverwaltern einmal des einen, dann wieder des anderen Blockaderings. Und trotzdem waren diese bilateralen Verhandlungen eigentlich multilateraler Natur, denn die Bedingungen und Reaktionen der anderen, am Verhandlungstisch nicht gerade anwesenden Kriegspartei mußten immer miteinbezogen werden. Die beiden Kriegsparteien verfolgten aber nicht die gleiche Strategie: Während die Achsenmächte ihre Schlüsselstellung in erster Linie dazu benutzten, sich selbst einen möglichst großen Teil der schweizerischen Produktion zu sichern und den Gegnern einen möglichst kleinen Teil zukommen zu lassen, hatten die Alliierten andere Sorgen. Sie wollten verhindern, daß ihre Gegner auf dem Umweg über die Schweiz trotz der Blockade Rohstoffe aus Übersee beziehen könnten, womöglich selbst dann, wenn die Schweiz nicht bloß Transitland gewesen wäre, sondern die eingeführten Rohstoffe zu Produkten verarbeitet und die solchermaßen veredelten Güter reexportiert hätte.

Nach beiden Seiten wurden mehrere Handelsverträge abgeschlossen. Die Verhandlungen mußten im Grunde aber permanent geführt werden. Kaum war ein Vertrag unter Dach, erwies er sich bereits als von den Verhältnissen überholt und wurde darum unter Berufung auf die clausula rebus sic stantibus (Verträge gelten nur bei gleichgebliebener Sachlage) von der einen oder anderen Partei nicht mehr eingehalten. Ausstehende Lieferungen mußten reklamiert, provisorische Vereinbarungen mußten getroffen werden. Chefunterhändler Heinrich Homberger stellte sarkastisch fest, die Verhandlungen hätten häufig länger gedauert als die Verträge, die daraus hervorgingen.

Bei Kriegsausbruch wurden auf Seiten der Westmächte alle bestehenden vertraglichen Bindungen als dahingefallen erklärt. Von den schweizerischen Importeuren verlangte man die Unterzeichnung sog. undertakings, in denen sie sich verpflichteten, die eingeführten Waren auch nicht teilweise in verarbeiteter Form wieder auszuführen. Der Bundesrat verbot hierauf unter Strafandrohung, solche Verpflichtungen zu unterzeichnen. Gleichzeitig bemühte er sich um die Aufnahme von Wirtschaftsverhandlungen. Diese konnten im November 1939 beginnen und zogen sich fünf Monate hin.

Die schweizerischen Unterhändler mußten zunächst das Prinzip durchsetzen, daß die Schweiz mit allen Ländern ihren Wirtschaftsverkehr aufrechterhalten dürfe und müsse. Die Westmächte drängten naheliegenderweise darauf, daß die Schweiz möglichst wenig den Achsenmächten lieferte. Homberger zufolge waren die Verhandlungen darum besonders langwierig, weil die Westmächte die offensichtlich alliiertenfreundliche und achsenfeindliche Einstellung der Schweiz falsch einschätzten, indem sie hofften, die in der Schweiz zu ihren Gunsten herrschende Stimmung müßte die Unterhändler zum Nachgeben zwingen. Nachdem das Prinzip der allseitigen Wirtschaftsbeziehungen akzeptiert worden war, ging es nur noch um die Fixierung von Maß und Qualität des zulässigen Warenverkehrs und um dessen Überwachung. Das War Trade Agreement vom April 1940 brachte folgende Übereinkünfte:

1. Ein Verbot des reinen Transits. Eingeführte Waren durften in unverändertem Zustand nicht weitergegeben werden.
2. Eine Warenliste, die bestimmte Lieferungsverbote fixierte. Darauf figurierten Waren, welche die Schweiz ohnehin nie reexportiert hätte, wie Getreide, Ölfrüchte, Kaffee, Tee, Kakao, Baumwolle, Rohseide etc. Aber auch Waren – und das war eine schweizerische Konzession – rein schweizerischen Ursprungs befanden sich auf dieser Verbotsliste: Käse, Milch, Obst, Vieh, Eisenerz usw. Als Gegenleistung erhielt die Schweiz das Recht, Waren nach Deutschland auszuführen, bei deren Herstellung blockadeabhängige Rohstoffe verwendet worden waren.

3. Eine weitere Warenliste, die für bestehende Waren Ausfuhrkontingente fixierte. Als allgemeines Maß galt der sog. courant normal, das heißt die Ausfuhrmengen des Jahres 1938. In bestimmten Fällen wurden auch Abweichungen nach oben oder unten fixiert.
4. Letzter und wichtigster Punkt: Nicht aufgelistete Waren konnten frei gehandelt, es mußte darüber keine Rechenschaft abgelegt werden. Das bedeutete auch, daß für die Westmächte an sich entbehrliche, die Handelsbilanzen nur unnötig belastende Friedenswaren wie Stickereien, Seidenbänder, Hutgeflecht etc. nach den Westländern frei exportiert werden konnten.

Die von den Alliierten vorgeschriebenen undertakings wurden durch schweizerische Garantiezertifikate ersetzt. Die Alliierten stellten den Exporten nach der Schweiz navicerts aus und forderten für die Ausfuhr der deklarationspflichtigen Waren ein anderes Zertifikat.

Das Gegenblockade-Abkommen mit Deutschland kam im August 1940 nach monatelangen zähen Verhandlungen zustande. Vorübergehend war im Juni 1940 die Kohlenzufuhr vollständig unterbrochen worden, dies in einem Moment, da täglich etwa 1800 Kohlenwagen über schweizerische Schienen nach Italien rollten. Das Abkommen sicherte den Achsenmächten den Transit und der Schweiz die Kohlenzufuhr; die Achse gewährte ferner die Befreiung von etwa drei Vierteln des schweizerischen Exportes von der Gegenblockade, die Schweiz gewährte Deutschland dagegen einen Kredit von 150 Mio. Franken für den Bezug schweizerischer Güter. Kurz zuvor hatte sie einen ähnlichen Kredit von 200 Mio. Franken Italien gewährt.

Ein wichtiger Verhandlungserfolg der schweizerischen Seite bestand darin, daß sie an Wertgrenzen der Warenkategorien festhalten und damit den Partner verpflichten konnte, neben Kriegswichtigem auch andere Güter zu beziehen. Die Schweiz war an einer maximalen Erhaltung der friedensmäßigen Zusammensetzung ihres Exportes und damit an der Erhaltung der traditionellen Wirtschaftsstruktur interessiert.

Im Juli 1941 mußte die Schweiz nach achtmonatigen Verhandlungen in einem Zusatzabkommen ihren Kredit auf 850 Mio. Franken erhöhen. Sie erhielt als Gegenleistung eine Erhöhung der Kohlen- und Eisenlieferungen, aber auch Zusagen für Benzin-

Die im Ersten Weltkrieg wegen der Marktbeschränkung geschaffene Schweizerische Mustermesse war auch im Zweiten Weltkrieg wichtig. Besuch 1944 von Bundesrat Stampfli, Chef des Volkswirtschaftsdepartementes, und General Guisan, im Hintergrund der Slogan: Klein und karg ist unser Land, weit und reich durch unsere Arbeit.
(AGE FOBA, Basel)

und Saatgut- und Düngemittellieferungen sowie Erleichterungen für die Ausfuhr nach Drittstaaten. Der enorme Kredit wurde von den zuständigen Kommissionen des Parlamentes gutgeheißen und in der Presse bekanntgemacht. Bis zum Kriegsende stieg der in Anspruch genommene Clearing-Kredit auf die Höhe von 1119 Mio. Franken. Die Neutralen stellten dem gewaltig auf Pump lebenden NS-Reich etwa 6% der Kredite zur Verfügung (neben der Schweiz waren es Spanien mit etwa 183 Mio., Portugal mit etwa 31 Mio., Schweden mit etwa 30 Mio. und die Türkei mit gegen 6 Mio. Franken); 21% der Kredite stammten von Verbündeten und 73% aus den besetzten Ländern.

Die meisten Zahlungen des bilateralen Warenverkehrs gingen seit 1934 über ein Clearing; mit dieser Verrechnungsstelle konnten unerwünschte Devisenbewegungen vermieden werden. Einbezogen in diese Rechnung wurden die schweizerischen Guthaben aus Lizenzen, Zinsdiensten, Dividenden, Versicherungsprämien, Provisionen etc. Die Kredite waren eine zinslose (!) Clearing-Bevorschussung und bedeuteten, daß die Schweiz die Lieferungen schweizerischer Unternehmen finanzierte. Andererseits stammten die Rohstoffe für diese Produktion zum größten Teil aus Deutschland. Gegen die Lieferung der verarbeiteten Güter konnten weitere Rohstofflieferungen für den schweizerischen Eigenbedarf (auch für die eigene Landesverteidigung) eingehandelt werden. In solchen Lieferungen inbegriffen waren beispielsweise die für die „Anbauschlacht“ wichtigen Düngemittel und die für die Zementherstellung (mithin für das Festungswesen) wichtige Kohle. Wegen Kohlenmangels mußte im Januar 1942 der Zementverbrauch rationiert werden.

Im Juli 1941 ließ sich die Schweiz von Deutschland noch eine wichtige verkehrstechnische Konzession abringen. Sie verpflichtete sich, ihren bei Genf nach dem Westen spedierten Export nicht durch die Lücke des einstweilen noch unbesetzten Frankreich bei Annecy laufen zu lassen, sondern über Bellegarde, wo die Deutschen die Waren kontrollieren konnten. Eine weitere Konzession bestand darin, den Warenversand im Briefpostverkehr (in Sendungen bis zu 2 kg) zu verbieten und damit den bisher unkontrollierten und darum unbeschränkten Westexport von Uhrenbestandteilen zu unterbinden.

Es versteht sich von selbst, daß die Westmächte versuchten, nach Möglichkeit die Einschränkungen zu umgehen. Industriediamanten wurden z.B. zur Bearbeitung nach Frankreich, nach der Bearbeitung in die Schweiz und von dort aus über die Linie Frankreich-Spanien-Portugal nach England geschmuggelt. Kleine Bestandteile wurden in der Zeitungspost versteckt, wobei es anfänglich hohe Verluste gab, solange man die im Ausland begehrten Schweizer Zeitungen verwendete, später ging man auf deutsche Zeitungen über, für die sich kaum jemand interessierte. Allein in der Zeit vom August 1940 bis zum April 1941 seien (nach britischen Quellen) kriegswichtige Waren im Wert von 6,1 Mio. Franken aus dem Land geschmuggelt worden; Waren, die nota bene in keiner schweizerischen Handelsstatistik berücksichtigt sind. Gemäß Aussagen von Hans Schaffner, dem damaligen Chef der Zentralstelle für Kriegswirtschaft, wurden den Alliierten auch Pläne und weiteres Know-how zugespielt, damit diese die benötigten Präzisionsgüter selber herstellen konnten.

Mit quantitativen Angaben alleine können wir der Bedeutung des Exportes nicht gerecht werden. John Lomax, der britische Handelsattaché, berichtet, wie das einzige in England befindliche Gerät zur Auswertung von Luftbildern bei einem deutschen Bombenangriff verlorenging und nur mit schweizerischen Ersatzteilen wieder hergestellt werden konnte. Mit anderen Worten: Die Auswertung der Erkundungsflüge und damit die Erfolge der britischen Bombereinsätze hingen bis zu einem gewissen Grad von einer einzigen schweizerischen Lieferung ab. Diese kam schließlich mit einer Geleitscheinfälschung zustande, nachdem man den Plan einer nächtlichen Landung auf einem Schweizersee verworfen hatte. Kleinteile konnten auch im diplomatischen Gepäck aus der Schweiz geschleust werden. Dies mißfiel dem deutschen Sonderstab HWK (Handelskrieg und wirtschaftliche Kampfmaßnahmen) so sehr, daß er im März 1941 die Ermordung des englischen Gesandten in Bern erwog, weil man sich davon den Abbruch der diplomatischen Beziehungen zwischen England und der Schweiz erhoffte.

Als Antwort auf das Abkommen vom Juli 1941 zwischen Bern und Berlin sperrte Großbritannien die Zufuhr aller industriellen Güter (Baumwolle, Kautschuk, technische Öle, Fette), weil diese dem Feind hätten nützlich sein können. Gleichzeitig ließ England durchblicken, es könnte seine Blockade wieder lockern, wenn die Schweiz ihre Lieferungen an die Länder der Achsenmächte einschränken würde. Nach dem Kriegseintritt der USA im Dezember 1941 ging das britische Interesse an schweizerischen Gütern spürbar zurück. Jetzt erwartete man nicht mehr eine Anhebung des schweizerischen England-Exportes auf die Höhe der Ausfuhren nach den Feindstaaten, sondern die Senkung der Exporte nach den Achsenmächten auf die Höhe des England-Exportes. 1942 wurden sogar schweizerische Produkte zurückgewiesen, wenn deren Zusammensetzung einen Feindanteil – *enemy content* – von mehr als 5% aufwies. Schweizerischerseits war man aus verschiedenen Gründen an den Lieferungen interessiert, z. T. aus aktuellem Bedarf und neutralitätspolitischen Überlegungen, z. T. aber auch, weil man im Markt bleiben und vermeiden wollte, daß die britische Industrie Produkte herzustellen begann, die zuvor von der Schweiz bezogen worden waren. Beim compensation deal vom Dezember 1942 kam auf englischer Seite die Vermutung auf, die Schweiz sei am Handel mit Großbritannien gar nicht sonderlich interessiert, weil ihre handelspolitische Situation auf dem Kontinent gesichert sei.

Der schweizerische Außenhandel befand sich in einem Teufelskreis: Die Lieferungen an die Achse waren die Voraussetzungen für die Lockerung der Gegenblockade der Deutschen, d.h. die Möglichkeit, auch die Alliierten zu beliefern. Die Alliierten wollten dagegen die so zustande gekommenen Möglichkeiten nicht nutzen und den Warenaustausch mit der Schweiz nur haben, wenn diese den Handel mit der Achse reduziere – womit aber gerade wieder die Voraussetzung für den Handel mit den Alliierten in Frage gestellt worden wäre. Die schweizerische Industrie hing vor allem von den Achsenmächten, die schweizerische Lebensmittelversorgung von den Alliierten ab. Die Achsenmächte konnten die Schweiz wirtschaftlich ersticken, die Alliierten die Schweiz aushungern.

Im Frühjahr 1943 sperrten die Wächter der äußeren Blockade sämtliche Zufuhren aus Übersee, auch diejenigen für Nahrungs- und Futtermittel. Schweizerische Unterhändler versuchten, die Wächter der inneren Gegenblockade zu überzeugen: Wenn sie wollten, daß die Schweiz für den Deutschland-Export arbeite, dann müsse dieser so weit zurückgehen, daß der Nahrungsmittelimport aus Übersee, von dem sich die für Deutschland Arbeitenden ernährten, wieder in die Schweiz gelange. Nachdem der Export nach Deutschland aus verschiedenen Gründen nachgelassen hatte, wurde die Nahrungsmittelsperre Ende 1943 wieder aufgehoben. Die Blockade für industrielle Rohstoffe blieb dagegen bestehen.

Anfangs 1943 griffen die beiden angelsächsischen Mächte zum Mittel der „Schwarzen Listen" – der statutory list (GB) oder der proclaimed list (USA) – für Firmen, die wegen ihrer Kooperation mit dem Feind – auch für die Nachkriegszeit – vom Wirtschaftsleben ausgeschlossen wurden. Der Bundesrat seinerseits erneuerte das Verbot, den Alliierten mit undertakings den Verzicht auf Lieferungen an die Achsenmächte zu versprechen. Die schweizerische Diplomatie erstritt in diesem Zusammenhang für die Maschinenfabrik Sulzer das Recht, im Rahmen der Exportmenge von 1938 weiterhin Deutschland beliefern zu dürfen, ohne deswegen von der Gegenseite mit Bann belegt zu werden. Bis 1945 sollte die Zahl der geächteten Schweizer Firmen auf über 1330 ansteigen. Die „Schwarzen Listen" wurden erst im Arrangement des Washingtoner Abkommens vom Mai 1946 aufgehoben.

Mit der Befreiung Frankreichs wurde der innere Ring der Gegenblockade zwar gesprengt, die Verhältnisse wurden für die

Schweiz deswegen aber nicht einfacher, zumal jetzt auch der Export nach Frankreich auf *enemy contents* hin geprüft wurde. In den letzten Kriegsmonaten reduzierte die Schweiz ihren Deutschland-Export massiv, sie mußte ihn wegen des wachsenden Drucks der Alliierten reduzieren, sie konnte ihn aber auch reduzieren wegen der wachsenden Schwierigkeiten Deutschlands, seinen Verpflichtungen nachzukommen. Die kriegswichtigen Exporte nach Deutschland wurden für das erste Halbjahr 1944 auf 40% und für das zweite Halbjahr 1944 sogar auf 20% der Lieferungen von 1942 herabgesetzt. Im September 1944 kam, wie bereits dargelegt, das Waffenausfuhrverbot hinzu, das zwar nach allen Richtungen galt, praktisch aber nur Deutschland traf.

Die im Februar 1945 in Bern parallel mit Vertretern beider Kriegsparteien geführten Verhandlungsrunden bildeten den Schlußpunkt der sechs Jahre währenden wechselreichen Wirtschaftsdiplomatie. Neu an diesen Verhandlungen war, daß sie nicht mehr nur von ein paar wenigen Chefunterhändlern geführt, sondern von weiteren Vertretern von Politik und Wirtschaft begleitet wurden. Die vom US-Sondergesandten Lauchlin Currie angeführte Delegation der Alliierten forderte einen vollständigen Abbruch der Wirtschaftsbeziehungen mit Deutschland, einen Unterbruch des Alpentransits und den Zugriff auf das in der Schweiz vorhandene Feindvermögen. Die Schweiz beharrte auf dem formellen Prinzip der allseitigen Beziehungen, konnte aber materiell den Forderungen weitgehend entsprechen, weil in der Phase des Zusammenbruchs ohnehin kaum mehr Transaktionen stattfanden. Nun erhielt übrigens Frankreich einen Kredit von 250 Mio. Franken. Das Currie-Abkommen vom 8. März 1945 besiegelte die totale versorgungspolitische Abhängigkeit der Schweiz von den Alliierten.

Kriegsmaterial

In einem nächsten Schritt müßte nach einzelnen Güterkategorien unterschieden werden. Von einem besonderen Interesse war und ist, was an kriegsrelevanten Gütern geliefert wurde. Sofern es sich nicht gerade um St. Galler Spitzen handelte, war das meiste irgendwie von Bedeutung, sicher waren dies auch die Stromlieferungen, die gut 10% der schweizerischen Produktion ausmachten.

Von besonderer Bedeutung war freilich das Kriegsmaterial im engeren Sinn. Im April 1939 hatte der Bundesrat – nicht aus neutralitätsrechtlicher Verpflichtung, sondern aus neutralitätspolitischen und vielleicht sogar aus ethischen Erwägungen – ein generelles Ausfuhrverbot für Kriegsmaterial beschlossen. Den Westmächten gelang es aber, dieses Verbot umzustoßen und Aufträge in der Höhe von 130 Mio. Franken zu platzieren: Aufträge, die weitgehend mit deutschem Eisen und deutscher Kohle ausgeführt worden wären. Dem standen deutsche Aufträge für nur 8 Mio. Franken gegenüber. Als Deutschland im Mai 1940 mit neutralitätspolitischen Argumenten ebenfalls größere Aufträge unterbringen wollte, scheiterte das Vorhaben schlicht an der Kapazitätsfrage. Nach der Niederlage der Westmächte im Sommer 1940 profitierte dann die Achse vom freien nichtstaatlichen Waffenhandel, wie er von den Alliierten durchgesetzt worden war. Deutschland übernahm die von seinen Gegnern aufgegebenen Bestellungen, zudem auch diejenigen der von ihm inzwischen besetzten Länder (Belgien, Holland, Norwegen). Trotz der offiziell fehlenden Beziehungen gelangten auch Aufträge aus der Sowjetunion in die Schweiz, die (zur Zeit des Hitler-Stalin-Paktes) nach Deutschland gegangen waren, dort aber nicht ausgeführt werden konnten.

In den Jahren 1940–1944 wurde Kriegsmaterial (inkl. Zünder) für etwa 980 Mio. Franken exportiert, zwei Drittel nach Deutschland, je ein Sechstel nach Italien und nach anderen Staaten. Das waren gegen 14 % der gesamten Güterausfuhr. Was bedeuten in diesem teuren Warensektor Lieferungen im Wert von 980 Mio. Franken? Im Mai 1943 erklärte der britische Außenminister Anthony Eden dem schweizerischen Gesandten Thurnherr in London: „Jeder Franken an Kriegsmaterial, das Deutschland von der Schweiz geliefert wird, verlängert den Krieg." Auch nach deutscher Einschätzung waren die schweizerischen Lieferungen derart wichtig, daß man – auch wenn sie bloß ein halbes Prozent der deutschen Rüstungskapazität ausmachten – „keinen Monat" darauf verzichten zu können glaubte. Nach Auffassung des deutschen Auswärtigen Amtes hätten gewisse schweizerische Fabriken – „besonders die Kriegsgeräteindustrie um Zürich" – mit Flab-Schutz versehen werden müssen, dies noch bevor britische Bomben im Mai 1943 tatsächlich in unmittelbarer Nähe der Zürcher Oerlikon-Bührle-

Werke niedergingen. Auf Druck der Westmächte verfügte der Bundesrat im September 1944 ein Verbot des Waffenexports, den er bereits im September 1939, ebenfalls auf Drängen der Westmächte, zugelassen hatte. Das unvermittelt einsetzende Embargo nahm keine Rücksicht auf die betroffenen Waffenproduzenten. Das sei eben, lautete der Kommentar des Direktors des schweizerischen Industriellen-Verbandes, die Kehrseite einer für diese Firmen „vorübergehend über alle Maßen glänzenden Konjunktur".

Die Aufmerksamkeit gilt vor allem der eigentlichen Waffenproduktion, doch waren die Zulieferer ebenfalls von Bedeutung, damals beispielsweise die für Oerlikon-Bührle Lafetten produzierende Lokomotiv- und Maschinenfabrik Winterthur und die den Gußstahl liefernden Eisen- und Stahlwerke Schaffhausen. Gemäß deutschen Einschätzungen arbeiteten damals für Deutschland: 80% der Präzisionsinstrumente-Industrie, 75% der Zünder produzierenden Uhrenindustrie, 70% der Elektroindustrie, 60% der Waffenindustrie, 50% der Eisengießereien, 50% der optischen Industrie. Einzelne Unternehmen müssen völlig hemmungslos das Geschäft mit dem Dritten Reich gesucht haben. Sogar der für eine stark entgegenkommende Haltung eintretende Schweizer Gesandte in Berlin, Minister Hans Frölicher, empörte sich im März 1941 über schweizerische Firmen, weil diese den deutschen Kunden das Blaue vom Himmel herunter versprochen hätten, „statt sich im allgemeinen wirtschaftlichen Interesse eine gewisse Reserve aufzuerlegen".

Der Bundesrat nahm gegenüber dem Kriegsmaterialexport eine reservierte Haltung ein und sprach sich, sofern er als Kreditgeber mitreden konnte, für eine ausgeglichene Verteilung der Aufträge aus, damit nicht zuviel in die ohnehin überhitzte Rüstungsbranche ging, sondern einiges auch der Zivilgüterindustrie zugute kam. Heinrich Homberger, der mit den Verhandlungen in Deutschland beauftragte Direktor des Schweizerischen Handels- und Industrievereins, schätzte das Kriegsmaterial als starkes Kompensationsobjekt für die benötigte Kohle. Dem kann man einschränkend entgegenhalten, daß dieser Pluspunkt auch ein Ansatzpunkt für Erpressungen und darum auch ein Minuspunkt hätte sein können.

Der Agronom F.T. Wahlen – der zivile General der „Anbauschlacht“.
(*© Hans Staub/Fotostiftung Schweiz*)

Ernährung und Landwirtschaft

Besonders wichtig war die Ernährungsfrage. Bei Kriegsbeginn deckte die Schweiz nur etwa die Hälfte ihres Kalorienbedarfs selber; die andere Hälfte mußte durch Warenimporte ergänzt werden. Produktion und Bedarf klafften in einzelnen Lebensmittelpositionen stark auseinander. Dem schweizerischen Produktionsüberschuß an tierischen Erzeugnissen (Nutzvieh, Zuchtvieh, Käse, Kondensmilch, Butter) standen erhebliche Fehlbeträge pflanzlicher oder ackerbaulicher Herkunft gegenüber. Die Schweiz war auf den Import von Brot- und Futtergetreide, von Reis und Hülsenfrüchten angewiesen. Der durchschnittliche Selbstversorgungsgrad betrug bei Kriegsausbruch 52%. Die höchsten Versorgungswerte von 151% gab es beim Käse, 99% bei Milch, 95% bei Butter und 94% bei Fleisch und die tiefsten Werte mit 32% bei Brotgetreide, 28% bei Ölen und Fetten und 7% bei Zucker.

Mehranbau zur Sicherstellung der Ernährung: Hier ein Kartoffelfeld am Zürcher Bellevue, Zentrum der Stadt.
(© Hans Staub/Fotostiftung Schweiz)

Ziel der offiziellen Landwirtschaftspolitik war es darum, einerseits die viehwirtschaftliche Überproduktion einzudämmen und andererseits den Ackerbau auszudehnen und so durch eine Verlagerung von der tierischen auf die pflanzliche Nahrung eine bessere Kaloriennutzung zu erreichen. Der Prozeß der fortschreitenden Vergrasung der Schweiz sollte – wenigstens teilweise – rückgängig und aus einer grünen wieder eine gelbe Schweiz gemacht werden. Während der landwirtschaftliche Produktionsüberschuß an die Nachbarstaaten, d.h. praktisch nur an die Achsenmächte geliefert werden konnte, mußten die fehlenden Nahrungsmittel zum größten Teil aus dem Einflußbereich der Alliierten eingeführt werden.

Mit dem Mehranbau wurde bereits im Frühjahr 1939 begonnen. In dieser ersten Phase konnte die Anbaufläche immerhin bereits um 25000 ha ausgedehnt, die Zucht von Zugtieren und die Anschaffung von Landwirtschaftsmaschinen gefördert werden. Die bescheidene Ambition dieser ersten Phase bestand darin, bloß ergänzungshalber Mehranbau zu betreiben. Die zweite Planphase dagegen strebte nichts weniger als nötigenfalls die Ernährungsautarkie an. Eingeleitet wurde diese Phase durch einen nicht autorisierten Aufruf von Friedrich Traugott Wahlen vom 15. November 1940. Der Agronom und Direktor der landwirtschaftlichen Versuchsanstalt Zürich-Oerlikon war 1938, nachdem die Schattenorganisation der Kriegswirtschaft geschaffen worden war, zum Sektionschef für landwirtschaftliche Produktion und Hauswirtschaft ernannt worden. In dieser Eigenschaft gelangte er im Spätherbst 1940 eigenmächtig mit einem Appell an die Öffentlichkeit, der, wie sich aber erst später zeigen sollte, das Format und die Bedeutung eines Rütli-Rapports hatte: Wie Guisan im Juli 1940 auf der Rütli-Wiese, dem mythischen Ort der Bundesgründung gegen Ende des 13. Jahrhunderts, die Selbstbehauptung mit militärischen Mitteln verkündet hatte, gab Wahlen im November 1940 die Losung von der ernährungspolitischen Selbstbehauptung aus.

Wahlens Anbauplan wurde von Fachleuten und von seinen Vorgesetzten als unrealistisch beurteilt. Die Reaktion der Öffentlichkeit auf die Proklamation des selbsternannten Anbau-Generals war überraschend positiv, der Moment der Propagierung des Planes psychologisch überaus günstig. Das Anbauwerk erschien nicht als Kompensation für Lieferungen, die von den Alliierten vorenthalten wurden, es wurde vielmehr zum Verteidigungswerk gegen die Gefahr einer Abschnürung durch die Achsenmächte. Deutscherseits wurde die „Anbauschlacht" jedoch mit wohlwollenden Urteilen bedacht. Man könne sehen, daß die Schweiz trotz Industrialisierung, Fremdenverkehr und gewisser angelsächsischer Einflüsse „im Grunde genommen doch ein Bauernvolk mit innerlich gesunden Instinkten" geblieben sei. Die „Anbauschlacht" sei ein wenn auch bescheidener Beitrag zur europäischen Nahrungssicherung.

Wahlen warnte, die Schweiz stehe vor einem der schwierigsten Abschnitte ihrer vielhundertjährigen Geschichte. All denjenigen, die glaubten, der Krieg sei nun nach den ersten Siegen der Achsenmächte beendet, rief er im Spätherbst 1940 zu: „Vor allem erträgt unsere Versorgungslage keine optimistischen Spekulationen über die mutmaßliche Dauer des Krieges. Wenn wir nicht zum vorneherein mit der erschütternden Möglichkeit rechnen, daß er es seinem Vorgänger (d.h. dem Ersten Weltkrieg, Anm. d.Vf.) an

Zahl der Jahre gleichtut, so bewegen wir uns auf gefährlichem Boden."

Wahlen verwies offen auf die ausländischen Vorbilder seiner „Anbauschlacht", d.h. auf die mit viel Getöse inszenierten Wirtschaftsschlachten der totalitären Nachbarstaaten. Den Behörden der Kriegswirtschaft in Bund und Kanton wies Wahlen die Rolle eines Generalstabes zu, die führenden Landwirte und Gemeindefunktionäre waren die Unteroffiziere, die Bauern und ihre Helfer die Soldaten. Wahlens Aufruf setzte Kräfte frei, denn er zeigte der Bevölkerung, daß sie und wie sie ihr passives Erleben und banges Abwarten durch eine bestimmte, leicht faßbare und gemeinschaftlich zu realisierende Tat ersetzen konnte – eben durch den Mehranbau.

Wahlen ging auch auf die Frage ein, warum die „Anbauschlacht" nicht schon früher in Angriff genommen worden sei. Die ganze nationale Energie sei im ersten Kriegsjahr auf die Erhöhung der militärischen Schlagkraft gerichtet gewesen, zumal die Zufuhren anfänglich in befriedigendem Maß eingetroffen seien. Jetzt wollte Wahlen eine Verlagerung der Verteidigungsanstrengungen: „Wir haben bei gefahrdrohenden militärischen Situationen eine halbe Million Mann an die Grenze gestellt. Heute, wo sich die Gefahr stark nach der wirtschaftlichen Seite verschoben hat, müssen wir zum gleichen Einsatz auf dem Gebiet der Produktion bereit sein."

Mit seiner Arbeit an dem, was später als „Plan Wahlen" bezeichnet werden sollte, wurde schon 1938/39 begonnen. Wahlen und seine Mitarbeiter erfaßten die Gesamtheit der anbaubaren Fläche der Schweiz – nicht theoretisch und nicht nur am Schreibtisch einer zentralen Administration. Jedes Stück Land wurde persönlich begangen, die Augenscheine fanden in Anwesenheit der betroffenen Bauern statt. Das direkte Gespräch stellte den persönlichen Kontakt her, ermöglichte eine zutreffende Einschätzung des Bodens und motivierte die Bauern für die bevorstehende Aufgabe.

Im Rückblick dürfen wir das Bild allerdings nicht harmonischer zeichnen, als es war. Es gab auch Widerstände. Die im Produktionskataster vorgesehenen Pflichtleistungen wurden nicht alle erfüllt. 8300 oder 2,5% der Bußen wegen Verstößen gegen kriegswirtschaftliche Vorschriften betrafen Anbaufragen. Das gesamte Bewirtschaftungssystem hatte Zwangscharakter. Patriotische Appelle allein setzten die Leute nicht in Bewegung. Der Kriegswirtschaftsbericht hält fest: „Gefängnisstrafen sowie Publikation der Urteile erfolgten nur selten, um die Produktionsfreudigkeit nicht zu lähmen." Daß die Bauern mitunter gegen die Anbauvorschriften opponierten, davon zeugt die später verfilmte Novelle „Der schwarze Tanner" von Meinrad Inglin.

Die Bauern mußten übrigens nicht nur überzeugt, sie mußten z. T. auch wieder im Ackerbau ausgebildet und mit den nötigen Geräten ausgestattet werden. Darum beschränkte sich die Bestandesaufnahme nicht auf die Böden, sie erfaßte auch die Pflüge und andere Bodenbearbeitungsmaschinen.

Widerstände wurden auch von Seiten des Militärs spürbar, gewisse Offiziere vertraten die Auffassung „Jetzt sei Krieg, das Heuen und Ernten könne warten". Infolge der häufigen Dienstabwesenheit der Männer mußten die zu Hause gebliebenen Frauen immer wieder die Hauptlast tragen, mit dem Effekt, daß viele Bäuerinnen die Überbeanspruchung mit dauernder gesundheitlicher Schädigung bezahlten. Die landwirtschaftlichen Interessenvertreter und die militärischen Instanzen lagen sich immer wieder wegen der Urlaubsregelungen in den Haaren, man sagt allerdings von General Guisan, der bekanntlich selbst dipl. Landwirt war, daß er Verständnis für die Bedürfnisse der Landwirtschaft gehabt habe.

Widerstände löste das Anbauwerk vor allem bei der Industrie, genauer bei der Exportindustrie aus. Beide, Landwirtschaft und Industrie, rangen um die wegen des Aktivdienstes und der Exportbelebung rar gewordenen Arbeitskräfte. Beide hatten aber eigene Versorgungskonzepte: Während Wahlen dem Selbstversorgungsprinzip zum Durchbruch zu verhelfen trachtete, wollte die Exportindustrie die notwendigen Lebensmittel im Tausch mit dem Ausland gegen schweizerische Industrieprodukte einhandeln. Nach 1942, als die sinkenden Rohstoffzufuhren ein Abflachen der Konjunktur bewirkten, entspannte sich das Verhältnis zwischen Exportindustrie und Landwirtschaft wieder, die von der Industrie absorbierten Arbeitskräfte konnten wieder an die Landwirtschaft abgegeben werden.

Die Schweiz war in hohem Maße von der Einfuhr von Düngemitteln und Sämereien aus Deutschland angewiesen. Der Düngerimport hatte sich von 1940 bis 1943 mehr als verdreieinhalbfacht (22000 t auf 79490 t). Wie im militärischen Bereich kam es auch hier zu einer paradoxen Mischung von theoretischem Autarkiebestreben und faktischer Auslandverflechtung.

Widerstände gab es übrigens auch von naturschützerischen Bewegungen. Bemerkenswert gut kam der Mehranbau dagegen bei der Stadtbevölkerung an. Ein Aufruf der Stadt Zürich vom Mai 1941 propagierte die Kampfgemeinschaft der städtischen und ländlichen Bevölkerung exemplarisch:

> *„Du suchst das Große, das geschehen sollte, Schweizer, hier (im Anbauwerk) geschieht es! (...) Wir sind längst ein Volk, das in der einen Hand das Schwert, in der andern den Pflug hält. Wehrstand und Nährstand verschmelzen ineinander wie der Wille zum Leben und der Wille zur Freiheit.“*

Auf die Mitwirkung der Städter war man in mehrfacher Hinsicht angewiesen: Einmal leisteten sie ihren Beitrag als Kleinpflanzer, sodann wirkten sie in den Industriepflanzwerken mit, die ein bestimmtes Obligatorium pro Arbeitsplatz zu erfüllen hatten, und drittens stellten sie immer wieder Arbeitskräfte, die in den rund 200000 Bauernbetrieben sog. Landdienst leisteten. Die Zeit der Anbauschlacht hat in der Ostschweizer Metropole eine bleibende Einrichtung hinterlassen: die 1943 in St. Gallen erstmals durchgeführte OLMA (Ostschweizerische land- und milchwirtschaftliche Ausstellung). 1941 und 1942 waren schon, allerdings mit großen Defiziten und geringem Zulauf, Ausstellungen zum Thema Mehranbau durchgeführt worden. 1943 erweiterte man die Schau um zwei erfolgversprechende Elemente: eine Verkaufsmesse und ein Bratwurstfest. So ist die OLMA ein Produkt des Zweiten Weltkrieges, wie die 1917 in Basel erstmals durchgeführte Schweizerische Mustermesse ein Produkt der Marktbeschränkung des Ersten Weltkrieges ist.

Am 1. Oktober 1940 waren Industrieunternehmungen mit über 100 Arbeitskräften oder mindestens einer Mio. (wehropferpflichtigem) Vermögen für anbaupflichtig erklärt worden. Vom November 1943 an wurden auch Firmen bis hinunter zu 20 Beschäftigten erfaßt. Pro Beschäftigten mußten zunächst 1a, später 2a angebaut werden. Im Rahmen der nationalen Selbstversorgung mußten die Unternehmen teilweise die Selbstversorgung ihrer Belegschaft sicherstellen.

Moderne Propaganda: Der Mehranbau war ernährungspolitisch nötig, er war aber auch wegen seiner gemeinschaftsfördernden Wirkung erwünscht. Schweizerische Mustermesse Basel. *(Lothar Jeck)*

Da Ackerbau an sich und vermehrter Ackerbau erst recht viel arbeitsintensiver war als die traditionelle Vieh- und Milchwirtschaft, benötigten die Bauern zusätzliche Arbeitskräfte. Während des Krieges sollen jährlich zusätzliche 7 Mio. Arbeitstage in der Landwirtschaft geleistet worden sein.

Das Anbauwerk konnte auch mit Spenden unterstützt werden. Der „Anbauschlacht" kam über die unmittelbare ernährungspolitische Funktion auch die indirekte Aufgabe zu, die schweizerische Bevölkerung in einer gemeinsamen Aktion zu vereinigen. Zugleich wurde die moralische Höherwertigkeit des Bauernstandes verkündet und das gesamte Schweizervolk als Bauernvolk gefeiert. 1941 wurde mit Verweis auf die Ernährungsproblematik gesagt:

„Es ist ein eigenartiges, sinnvolles Zusammentreffen, daß unser Bauernstand, der vor 650 Jahren an der Wiege der Eidgenossen-

schaft stand, gerade im heutigen Festjahr des Bundes die Gelegenheit bekommt, sich als Fundament des Staates erneut unter Beweis zu stellen."

Was hat das Anbauwerk konkret erreicht? Die angebaute Fläche wurde in 6 Etappen so ausgedehnt, daß man am Schluß des Krieges eine Verdoppelung erreichte, von 182500 ha auf 366000 ha. Für die autarke Ernährung auf der Basis von 3000 Kalorien täglich wären 504000 ha nötig gewesen. 366000 ha erlaubten aber nur eine Ernährung der Bevölkerung auf der Basis von 2200 Kalorien. Auf diesem Niveau wurde denn auch mit Hilfe eines ausgeklügelten Rationierungssystems der durchschnittliche Kalorienanspruch festgelegt.

Was die Verteilung der Konsumgüter betraf, hatte man von früheren Fehlern gelernt. Mit einem differenzierten Rationierungssystem vermied man die starken Ungleichheiten der Jahre 1914 bis 1918. Zucker, Reis, Teigwaren, Speisefett und -öl waren seit Kriegsbeginn rationiert, Butter und tierische Fette seit Oktober 1940, Kaffee, Tee und Kakao seit Mai 1941, Brot wurde im Oktober 1942 auf täglich 225 Gramm rationiert (nachdem zuvor schon eine stärkere Ausmahlung des Getreides, eine Lagerpflicht von mindestens 24 Stunden, die Streckung mit Roggen- und Gerstenmehl, später auch mit Kartoffelmehl angeordnet worden war), die Rationierung von Käse erfolgte im August 1941, diejenige der Frischmilch im Januar 1942 (zunächst täglich 5 dl für Erwachsene, 7 dl für Kinder, im November 1942 drastisch gekürzt auf 10 l monatlich), Fleisch im März 1942 (nachdem schon im Mai 1941 wöchentlich zwei fleischlose Tage angeordnet worden waren). Geflügel, Fisch und Kartoffeln dagegen konnten stets uneingeschränkt gekauft werden. Der Kartoffel-Konsum verdreifachte sich 1939–1944 von 619900 t auf 1824500 t. Da und dort blühte der Schwarzmarkt. In Nidwalden wechselte beispielsweise eine Zahnprothese gegen 300 Eier den Besitzer (Eier waren seit Dezember 1941 ebenfalls rationiert). Wenn „schwarz" geschlachtet wurde, mußte man der Polizei ein paar Koteletts zustecken. Wenn die Behörde es merkte und einschritt, konnte es zu kleineren Aufständen kommen.

Das Rationierungssystem veränderte bewußt oder unbewußt die Eßgewohnheiten und löste insbesondere da kollektiven Unwillen aus, wo man die Maßnahmen als Rücksichtslosigkeit gegenüber kulturellen Traditionen der Landesteile empfand. Wegen der unterschiedlichen Konsumgewohnheiten in der deutschen und welschen Schweiz kam es beispielsweise im Frühjahr 1942 bei der Neufestsetzung von Milch- und Käserationen zu geharnischten Reaktionen der Westschweiz, die sich zu wenig beachtet fühlte: So traf eine verschärfte Käserationierung gewisse Präferenzen der welschen Küche härter, während eine verschärfte Milchrationierung ein in der deutschen Schweiz vermehrt konsumiertes Produkt betraf. Zudem konnte die Rationierung nicht verhindern, daß die intendierte Bezugsgerechtigkeit, vor allem ab 1943, zunehmend von sozial- und preispolitischen Ungleichheiten untergraben wurde. Insbesondere kinderreiche Familien sowie ungelernte Arbeiter konnten sich mit ihren gesunkenen Reallöhnen die ihnen zustehenden Rationen nicht mehr kaufen. Gemäß Expertenmeinung blieb die schweizerische Ernährungssituation, insbesondere im internationalen Vergleich, trotzdem den Verhältnissen entsprechend befriedigend; abgesehen von der noch besser versorgten schwedischen Bevölkerung habe kein anderes Land Europas ein solches Ernährungsniveau aufrechterhalten können.

Der schließlich erreichte agrarische Selbstversorgungsgrad, der – wie gesagt – bei Kriegsausbruch ca. 52% betragen hatte, konnte auf 59% gesteigert werden. Die Nahrungsmittelimporte nahmen während des Krieges ständig ab. 1941/42 waren es noch 50% der Einfuhrmenge von 1939, 1944 nur noch 20%. Wenn wir nur das Getreide berücksichtigen, waren es sogar nur 14% der Einfuhr von 1939. Und wenn nur die Importe aus Übersee gerechnet würden, wäre die Ziffer für 1943 erheblich geringer, hatten doch die Alliierten vom Frühjahr bis zum Jahresende 1943 auch die Nahrungsmittelzufuhr abgeschnitten. Der Mehranbau mußte zu einem erheblichen Teil den Ausfall der Überseeeinfuhr kompensieren.

Gewisse Rationierungen wurden nach dem Krieg noch eine Weile beibehalten; im März 1946 wurde die Rationierung der Eier aufgehoben, im September 1947 die Fleischrationierung, im Februar 1948 die Zuckerrationierung, im April 1948 die Brotrationierung.

„Wir stehen an der Schwelle des vierten Kriegswinters. Täglich vernehmen wir Nachrichten über die Schrecken des furchtbarsten aller Kriege der Weltgeschichte. In allen Erdteilen, auf allen

Fern vom Hof Militärdienst leisten oder zu Hause Landwirtschaft betreiben: In diesem Fall wurde das durchaus bestehende Dilemma gelöst. *(M.H. Duruz, Lausanne)*

Meeren herrschen Hunger und Elend, Verwüstung und Tod. Unser kleines Land blieb bis jetzt verschont. Wir können der Vorsehung nicht genug dafür danken. Allerdings ist die Not auch bei uns im Zunehmen begriffen. Für einen wachsenden Teil unseres Volkes wird die Sorge um die tägliche Nahrung drückender. Die Opfer aber, die wir bringen, stehen in keinem Verhältnis zu dem, was andere Völker zu tragen haben. Wir sind bereit, für die Freiheit unseres Volkes, den Frieden unseres Landes noch Schwereres auf uns zu nehmen. Das Eidg. Volkswirtschaftsdepartement hat heute die Rationierung von Brot verfügt. Es tat dies aus Sorge und Vorsorge um die Ernährung unseres Volkes.“ (Bekanntmachung vom 15. Oktober 1942)

Funktion als Finanzplatz

Die Schweiz war im Zweiten Weltkrieg nicht nur ein wichtiger Werkplatz, sie war auch ein bedeutender Finanzplatz. Die Bedeutung des Wertschriftenhandels ist noch kaum geklärt, hingegen ist man sich inzwischen allgemein bewußt, daß die Schweiz während des Krieges ein wichtiger Umschlagplatz für Gold war. Beinahe vier Fünftel (79%) des von der deutschen Reichsbank während des Krieges ans Ausland gelieferten Goldes ging in die Schweiz, im damaligen Wert von etwa 1,6 bis 1,7 Mia. Franken, wovon 1,2 Mia. auf eigene Rechnung, der Rest wurde anderen Nationalbanken gutgeschrieben. Diese Transaktionen wurden durch die neuere Forschung als rechtlich wie politisch „höchst problematisch“ eingestuft. Darunter befand sich nach jüngsten Erkenntnissen auch aus der Verwertungsmaschinerie der KZ gewonnenes Opfergold (vor allem von Zähnen) im damaligen Wert von etwa 0,6 Mio. Franken (120 kg). Bis Ende 1942 fanden größere Goldlieferungen auch an die privaten Geschäftsbanken statt. Neben diesen Goldgeschäften dürfte es einen wichtigen, aber kaum erfaßbaren Schwarzmarkt gegeben haben.

Die Schweizerische Nationalbank (SNB) wollte mit diesen Käufen in erster Linie die Golddeckung sichern für ihre stets wachsende Menge Franken, die mehr und mehr die Funktion einer weltweit konvertiblen Währung bekamen. Ein wichtiges Motiv lag in der Absicht, schweizerische Finanzgläubiger mit diesen Bezügen befriedigen zu können, und im üblichen Bestreben, sich anbietende Geschäftsmöglichkeiten zu nutzen – scheinbar apolitisch, jedoch mit hochpolitischer Wirkung. Damit wollte man sich wohl auch ein wenig nützlich erweisen und sich bei der Gegenseite eine entgegenkommende Haltung sichern. Auf deutscher Seite war man vor allem daran interessiert, gegen dieses Gold Devisen für Käufe von strategisch wichtigen Rohstoffen und Waffen zu erhalten. Konkret – beispielsweise – lieferte Deutschland Gold an die Schweiz und bezog dagegen Escudos, damit es mit diesen Escudos in Portugal das zur Stahlhärtung nötige Wolfram kaufen konnte. Portugal war nämlich von einem bestimmten Zeitpunkt an nicht mehr bereit, das kompromittierende Gold direkt anzunehmen, hingegen war es sehr wohl bereit, gegen Schweizerfranken Escudos an die Schweiz zu geben, die von der Schweiz nach Deutschland weitergegeben wurden, damit dieses in Portugal einkaufen konnte.

Kompromittierend war das Gold deshalb, weil Deutschland, wie man ab 1943 wußte, Zentralbanken besetzter Länder die Goldreserven abgenommen hatte und, wie man annehmen konnte, sich darunter auch Gold aus geraubtem jüdischem Besitz befand. Von der Herkunft aus Konzentrationslagern (der Verwertung von Eheringen und Zahnplomben) kann man hingegen nicht sagen, sie sei damals bekannt gewesen und fahrläßig unbeachtet geblieben.

Im Februar 1945 sperrte der Bundesrat sämtliche deutschen Guthaben in der Schweiz. Einerseits kam man damit einer Forderung der Alliierten entgegen, andererseits wollte man für sich selber eine Regreßmöglichkeit schaffen. Der Siegerpartei ging es vor allem darum, den Verlierern die Möglichkeit zu nehmen, Kapital für einen späteren Revanchekrieg beiseite zu schaffen. Etwa 2200 Tresorfächer wurden aufgebrochen, man stieß aber weit seltener als erwartet auf „berühmte" Namen. Insgesamt kamen Beträge in der Höhe von etwa 1 Mia. Franken zum Vorschein, die Hälfte davon gehörte aber in der Schweiz domizilierten Auslanddeutschen. Die Alliierten und die Schweiz teilten sich den Ertrag dieser Aktion (die Schweiz erhielt auf diese Weise 665 Mio. Franken an die von Deutschland geschuldete Clearing-Milliarde), ordentliche Guthaben deutscher Staatsbürger wurden später von der Bundesrepublik entschädigt.

Die Geschichte der „nachrichtenlosen Vermögen" ist nur bedingt eine Geschichte der Kriegsjahre. Das Fluchtkapital späterer Opfer des Holocausts war zum allergrößten Teil vor 1938 von ihnen selber oder durch Mittelspersonen nach der Schweiz gebracht, von dort aus zu einem Teil aber auch an sicherere Orte (insbesondere die USA) weitergeleitet worden. Das Schicksal dieser Gelder, beziehungsweise der individuellen Ansprüche, stand bei den primär auf makropolitische Fragen der Weltpolitik ausgerichteten Siegerstaaten unmittelbar nach 1945 nicht im Vordergrund des Interesses. Während unter anderer Gesetzgebung (etwa in den USA) solche dormant accounts nach einer gewissen Zeit (z.B. 5 Jahren) an den Staat fallen, wurden sie in der Schweiz und manchen anderen Staaten (z.B. selbst in Israel) unbedacht und ohne aktive Suche nach Anspruchsberechtigten einfach weitergeführt, aber wenigstens doch noch geführt.

1949/50 nutzte der Bundesrat die „erblosen" Gelder polnischer und ungarischer Herkunft (damals etwa 800000 Franken), um in einem fragwürdigen Dreiecksgeschäft schweizerische Ansprüche aus Enteignungen durch Polen und Ungarn zu befriedigen. Nach verschiedenen erfolglosen Vorstößen wurde in den Jahren 1962–1973 immerhin ein groß angelegter Abklärungsversuch unternommen. Dieser erbrachte etwa 9,5 Mio. Franken. Davon konnten 7,3 Mio.

Franken an Nachkommen von Inhabern solcher Konten ausbezahlt werden; der nicht zuteilbare Restbetrag wurde zu zwei Dritteln dem Schweizerischen Israelitischen Gemeindebund und einem Drittel der Schweizerischen Flüchtlingshilfe übergeben.

Die nach 1989 erneut aufgeworfene Frage nach dem Schicksal von Vermögenswerten der im Zweiten Weltkrieg umgebrachten jüdischen Menschen hat 1996 einiges in Bewegung gebracht: Bei erneuten Abklärungen kamen insgesamt 38,7 Mio. zum Vorschein, später erhöhte sich dieser Betrag auf etwa 67 Mio. Franken. Die weiteren Abklärungen wurden einem Komitee aus einer gemischten Vertretung von allenfalls Anspruchsberechtigten und von Bankenseite übertragen. Listen mit allen aufgefundenen Namen (wobei ein großer Teil Kleinstbeträge und ein Teil auch nichtjüdische Kontoinhaber betreffen) wurden öffentlich zugänglich gemacht. Unabhängig vom Problemkomplex der privatrechtlichen Ansprüche errichtete der Bundesrat im Februar 1997 einen von der Nationalbank und von Privatunternehmen finanzierten Hilfsfonds für Holocaust-Opfer in der Höhe von 275 Mio. Franken.

Kurz nachdem der äußere Druck die nötige Sensibilisierung für noch bestehende Ansprüche im Bankenbereich zustande gebracht hatte, folgten Hinweise auf eine analoge Problematik im Versicherungsbereich. Dabei geht es um während des Krieges an das NS-Regime ausbezahlte Policen und um nach dem Krieg den Nachkommen von umgebrachten Versicherungskunden nicht ausbezahlte Schadensgelder.

Eine Drehscheibenfunktion hatte die Schweiz auch im Kunsthandel. Weltweites Aufsehen erregte die am 30. Juni 1939 in Luzern durchgeführte Auktion von „Entarteter Kunst". Weitab vom öffentlichen Interesse wurden aber über die Schweiz auch zahlreiche Einzelkäufe getätigt, die heute nur schwer rekonstruierbar sind und doch teilweise in die Kategorie der unlauteren Geschäfte fallen. Heute wird zwar weniger die wirtschaftliche, sondern vielmehr die kulturelle Dimension und die private Eigentumsproblematik dieses Geschäfts diskutiert. Der Handel betraf Objekte verschiedenster Herkunft und verschiedenster Art. Es waren Objekte, die von Emigranten selber veräußert, die echten oder falschen Freunden anvertraut, die in besetzten Ländern geraubt, von Zwischenhändlern zumeist ohne Erfüllung der Sorgfaltspflicht weitergegeben, direkt verkauft oder gegen andere Bilder getauscht worden sind.

Die Objekte beschränkten sich nicht auf die Kategorie der Gemälde. Es ging um Kulturgüter im weiteren Sinn, um Plastiken, Textilien, Möbel, Geschirr, Schmuck und besondere Bücher und Manuskripte, und damit nicht nur um den Kunsthandel, sondern auch um den Antiquitäten- und Antiquariatshandel, den professionellen Handel sowie den damals besonders stark entwickelten und entsprechend kaum kontrollierbaren Amateurhandel.

IX.
Sicherheitspolitik

Dieser Abschnitt ist nur in Analogie zu den anderen Titeln mit Sicherheitspolitik überschrieben. Der treffendere Titel würde schlicht „die Armee“ oder „die militärische Landesverteidigung“ lauten. Der zentrale Punkt der schweizerischen Sicherheitspolitik bestand darin, daß die Schweiz überhaupt eine Armee hatte und sie diese, wenn auch mit unterschiedlichen Mobilisierungsgraden, während des ganzen Krieges im Aktivzustand hielt. Zentral war dies in mindestens dreifacher Hinsicht: Erstens konnte die Schweiz mit der Armee in rein strategisch-operativer Hinsicht ein Minimum an militärischer Dissuasion gewährleisten. Zweitens konnte die Schweiz mit der Armee den außen- und wirtschaftspolitischen Unabhängigkeitswillen manifestieren. Und drittens konnte die Schweiz sich so selber einen zusätzlichen innenpolitischen Halt geben.

Die Armee bei Kriegsbeginn

Wie hoch war die Kampfbereitschaft der Schweizer Armee? Wir müssen verschiedene Aspekte unterscheiden: die Ausrüstung und die Befestigungen, die Planung und die Organisation, die Ausbildung und die Verteidigungsmoral. Im Vordergrund der Aufmerksamkeit steht in der Regel die Ausrüstung. Infolge der grundsätzlichen Opposition der Linken und der Sparpolitik der Rechten fehlte es bei Kriegsausbruch vor allem an schweren Waffen. Im September 1939 hatte die Schweizer Armee – verteilt auf 3 Kompanien – nur 24 Panzer. Die Feuerkraft der Artillerie war völlig ungenügend, die schweren Kanonen aus dem Ersten Weltkrieg außerordentlich verletzlich, weil sie nur mit Pferden verschoben werden konnten. Der gesamte Motorisierungsgrad entsprach nicht dem damaligen Entwicklungsstand. Was die Flugwaffe betrifft, verfügte die Armee abgesehen von 40 deutschen Messerschmitt-Maschinen nur über veraltete Apparate. Von 21 Einheiten waren nur 3 kriegstüchtig, 5 Kompanien hatten anfänglich überhaupt keine Flugzeuge. Im Bereich der Panzer- und Flugzeugabwehr standen die Dinge nur wenig besser. Im Sep-

Mobilisation bei Kriegsbeginn – sterben fürs Vaterland? *(Paul Senn-Archiv)*

tember 1940 gab es zum Beispiel in der ganzen Schweizer Armee nur 14 Flugabwehr-Scheinwerfer; davon waren aber 4 defekt, und 8 wurden für die Ausbildung in den Schulen eingesetzt. Der Mangel an schweren Waffen bildete einen der Gründe dafür, daß General Guisan die Zusammenarbeit mit dem Ausland suchte. Die Westmächte hätten im Falle eines Angriffs aus dem „Norden" mit englischen Flugzeugen die Luftdeckung übernehmen und mit französischer Artillerie das schwere Feuer sichern sollen. Spuren dieser Zusammenarbeit wurden von den Deutschen im Sommer 1940 in französischen Generalstabspapieren bei La Charité-sur-Loire gefunden.

Wesentlich besser waren die Verhältnisse bei der Infanterie. Das Rüstungsdefizit sollte mit dem Ausbau von Stellungen, welche das Gelände richtig nutzten, ausgeglichen werden. Ungenügend war die operative Planung: Man pflegte ein zu statisches, weitgehend auf die Grenzverteidigung beschränktes Denken, wie es in Frankreich in der Maginotlinie zum Ausdruck kam. Die zentrale Rundumverteidigung des Reduit hätte als Eventualität schon früher ernsthaft ins Auge gefaßt werden können. Dieses Versäumnis machte heikle Umgruppierungen im Sommer 1940, in einem höchst gefährlichen Moment, nötig. Seit 1936 wußte man, daß die künftigen Angriffe als sogenannte „Blitzkriege" mit großer Beweglichkeit, mit schnellen und punktuell tiefen Vorstößen geführt wurden. Um so erstaunlicher, daß man die Rückzugsstellung des Reduit nicht vorher vorbereitet hatte. Im Bereich des Luftschutzes waren die Kriegsvorbereitungen dagegen seit 1934 getroffen worden, zum Teil allerdings gegen den Widerstand der großen Städte.

Schlecht vorbereitet war die Armee bezüglich der Vorräte von Roh- und Hilfsstoffen. In den ersten Kriegsjahren wurde dann überstürzt und bei übersetzten Preisen Versäumtes nachgeholt. Ein offizieller Bericht hielt fest, daß SBB, PTT und die Elektrizitätswerke diesbezüglich besser vorgesorgt hätten. „Hätte die Armee größere eigene Lager an Stahl, Kupfer, Rohgummi, stahlgehärteten Nichteisenmetallen usw. besessen, also Waren, die man noch kurz vor dem Krieg leicht und billig beschaffen konnte, so hätten dem privaten Verbraucher weniger und erst später Einschränkungen auferlegt werden müssen."

Moral der Truppe

Die Kampfmoral war alles in allem hoch. Die herrschenden Meinungsverschiedenheiten und Rivalitäten im höheren Offizierskader werden von der Geschichtsschreibung als gravierender dargestellt, als sie waren. Sie dürften kaum das Maß an Dissens überstiegen haben, den man in den Kadern aller Armeen feststellen kann. Die Moral der Truppe war alles in allem ziemlich gut, oft besser als bei der Zivilbevölkerung, welche die bangen Tage nicht in einem klar strukturierten Betrieb verbrachte.

Wichtig war das unter dem Namen „Heer und Haus" geführte Angebot an Veranstaltungen zur Stärkung des Widerstandswillens. 1943–1945 wurden über 4000 Vorträge vor über 485000 Zuhörern gehalten und während der ganzen Aktivdienstzeit 226735 Bücher abgegeben. „Wehrbriefe" und appellative Armeebefehle stützten die Moral der Truppe. Im Befehl vom 15. Mai 1940 sprach General Guisan die Erwartung aus:

> *„Ich erinnere an die hohe Pflicht des Soldaten, an Ort und Stelle erbittert Widerstand zu leisten. (...) Die Schützentrupps, ob überholt oder umzingelt, kämpfen in ihrer Stellung, bis keine Munition mehr vorhanden ist. Dann kommt die blanke Waffe an die Reihe ..."*

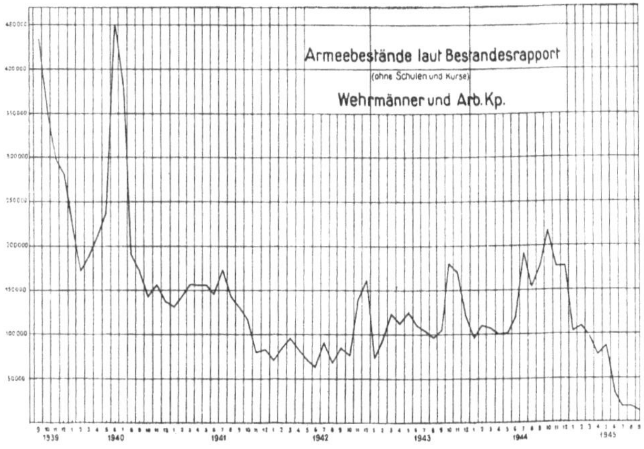

Aus dem Bericht des Generalstabschefs, Nov. 1945.

Zahl der Mobilisierten

Die Generalmobilmachung vom 1. September 1939 rief rund 430000 Mann unter die Waffen. Bis zum Januar 1940 wurde der Bestand sukzessive auf rund 170000 abgebaut, im April 1940 betrug er rund 220000, im Mai 1940 erreichte er das absolute Maximum von 450000 infolge der zweiten Generalmobilmachung. Nach dem Zusammenbruch Frankreichs führte die Teildemobilmachung vom 7. Juli 1940 innert kürzester Zeit zu einer Reduktion des Bestandes von ca. 400000 auf ca. 180000 Mann. Der Bestand wurde wegen der Mobilisationskosten und der Arbeitsausfälle jeweils nur so hoch wie unbedingt nötig und so klein wie möglich gehalten. Die verschiedenen Auf und Ab werden durch die obenstehende Grafik veranschaulicht. Der tiefste Punkt lag im Juni 1942 mit etwa 63000 Mann.

Militärexperten bestätigen heute die in der Zeit selber auch schon gemachte Feststellung: Die Verteidigungsbereitschaft fiel zu verschiedenen Zeiten „weit unter die kritische Grenze und hatte nur mehr symbolischen Charakter“. Die Milizarmee war im Grunde nicht zur Aufrechterhaltung einer lange andauernden Verteidigungsbereitschaft geeignet. Die volkswirtschaftlichen Bedürfnisse, beziehungsweise Notwendigkeiten, mußten bei einer längeren Aktivdienstzeit zu einer „systemimmanenten Erosion der militärischen Substanz“ führen.

Freiwillige Kräfte

Um die Wehrmänner möglichst an der Front einsetzen zu können, wurde für Einsätze im rückwärtigen Bereich im April 1940 ein freiwilliger Frauenhilfsdienst (FHD) geschaffen. Etwa 40% der Freiwilligen mußten wegen fehlender Eignung abgewiesen werden. Ende 1940 zählte der FHD über 15000 Angehörige. Dem Einbezug in die Armee begegneten manche Frauen mit einiger Zurückhaltung, zumal ihnen die politische Gleichberechtigung (Frauenstimmrecht) noch immer vorenthalten wurde. Stärker war das Engagement im zivilen Frauenhilfsdienst, der sich unter anderem auch dafür einsetzte, daß alleinstehende Soldaten mit Wäsche versorgt wurden.

Überdies wurden zur Sicherung der Gebiete hinter der Front, insbesondere gegen einzelne Fallschirmspringer bzw. Saboteure, im Mai 1940 aus Freiwilligen der vormilitärischen Altersklassen und den altershalber aus dem Dienst entlassenen Jahrgängen die Ortswehren und Betriebswachen geschaffen. Anfänglich mußte infolge des Mangels an Waffen die Rekrutierung gedrosselt werden. Ende 1940 dürfte mit etwa 128000 Personen der Höchstbestand erreicht worden sein. Mit der Zeit flaute, wie Verantwortliche feststellten, die „Begeisterung" ab, der Tiefststand lag im Juni 1942 bei rund 108000 Personen.

Ausgelöst durch Täuschungsmanöver deutscher Truppen verbreitete sich in den Tagen (und den Nachtstunden) vom 14./15. Mai 1940 bei der Truppe und bei der Zivilbevölkerung die Überzeugung, daß ein deutscher Angriff unmittelbar bevorstehe. In den besonders exponierten Zonen der Nord- und der Ostschweiz setzte insbesondere aus den Städten ein Massenexodus ein: in die Innerschweiz, an den Genfersee ... Für einen Moment tat sich eine Kluft in der Bevölkerung auf. Die Flüchtenden sahen sich als Feiglinge und als Verräter eingestuft. Diese „Privatevakuation" war aber nicht nur legal, sondern geradezu erwünscht, weil dadurch die Zahl derjenigen reduziert wurde, welche im Kriegsfall betreut und allenfalls mit behördlicher Hilfe hätten evakuiert werden müssen. Der Basler Evakuationsplan sah den Abtransport von 22000 „Unvermögenden" in 27 Zügen ins Waadtland und eine Verteilung auf Dörfer und Familien vor.

Der Aktivdienst der Väter bedeutete für die Mütter mit Kleinkindern eine besonders starke Belastung. *(Keystone Press)*

Frauenhilfsdienst (FHD): Frauen reihen sich ebenfalls in die Armee ein. *(Paul Senn-Archiv)*

Reduit-Konzept

Als später das Gros der Armee in die Alpen zurückgezogen wurde, ließ sich die Bevölkerung bemerkenswerterweise kaum durch die Tatsache irritieren, daß große Teile des Landes nicht mehr im Kerngebiet der Verteidigung lagen. Korpskommandant Fritz Prisi hatte gerade aus psychologischen Erwägungen gewisse Bedenken: „Es hat keinen Sinn, Gebirgsstöcke und Gletscher zu verteidigen, wenn das Mittelland mit seinem reichen volkswirtschaftlichen Ertrag samt dem Großteil des Schweizervolkes kampflos dem Feind preisgegeben wird." Noch 1942 äußerte sich Korpskommandant Renzo Lardelli dem Oberbefehlshaber gegenüber: „Der Gedanke der Reduitstellung ist auch mir nicht sympathisch. Das Reduit ist als Heim und Vaterland, um das wir streiten, zu klein, als Stellung, die zu halten ist, zu groß."

Es ging aber, was nachzuvollziehen da und dort auch heute noch Mühe bereitet, statt um flächendeckende Territorialverteidigung um Kriegführung mit dem Ziel, im Interesse der gesamten Landesverteidigung die Kampfkraft derart zu arrangieren, daß die Kosten-Nutzen-Relation beim potentiellen Angreifer als ungünstig eingeschätzt und damit der Ernstfall gar nicht eintreten würde. Dazu brauchte es zwei Dinge: eine gewisse auch ohne Annexion gegebene Nützlichkeit (Transit, Industrieproduktion, Finanzdienste etc.), aber auch einen gewissen Eintrittspreis (bewaffneter Kampf sowie Zerstörung von Verkehrswegen und Produktionsstätten).

In jüngerer Zeit ist die Teildemobilmachung vom Sommer 1940 als Konzession („Demutsgeste") gegenüber Deutschland interpretiert worden. Aus der Tatsache, daß die Entlassung der Wehrmänner in die Arbeitswelt vor allem der Industrieproduktion und diese bis zu einem gewissen Grad auch dem Export nach Deutschland zugute gekommen sei, wird geschlossen, daß der eingetretene Effekt einem opportunistischen Kalkül entsprochen habe. Das Prinzip der Maximierung der zivilen Arbeitskapazität und der entsprechenden Minimierung des militärischen Aufwandes ist im Grunde aber nur kritisierbar, sofern es das Land einem nicht zu verantwortenden Risiko ausgesetzt hätte.

„Die Schweiz, das kleine Stachelschwein, wir holen es auf dem Heimweg heim ..." (was gemäß schweizerischer Überlieferung deutsche Soldaten gesungen haben sollen).

Der General beschloß im Juli 1940 die Errichtung einer zentralen Alpenstellung, nachdem er zuvor ausführlich mit dem Generalstabschef und den Korpskommandanten darüber diskutiert hatte. Anfänglich bestand die Meinung, daß der Bundesrat den Entschluß gutzuheißen habe, gab doch das neue Konzept die ursprünglich bestehenden Vorstellungen von Landesverteidigung auf. Guisan entschied dann, daß eine bloße Orientierung der Landesregierung genüge. Der Gesamtbundesrat nahm formell nie Stellung zum Reduit, man darf aber davon ausgehen, daß er im Prinzip einverstanden war. Von Bundesrat Stampfli, dem Vorsteher des Volkswirtschaftsdepartements, ist allerdings eine höchst kritische Beurteilung überliefert. Im November 1940 äußerte er sich gegenüber Nationalrat Heinrich Walther, die Alpenstellung bedeute seines Erachtens „eher eine Erhöhung als eine Verminderung der Gefahr für das Land". Und er fügte bei: „Trotzdem werden ihr Hunderte von Millionen geopfert, und niemand darf etwas dagegen sagen, wenn er nicht als Defaitist an den Schandpranger gestellt werden will". Andererseits waren manche der als deutschfreundlich geltenden höheren Offiziere entschiedene Befürworter des Reduit. So erklärte Hans Frick im Juni 1940: „Wenn wir gegenüber weitgehenden deutschen Forderungen noch etwas in die Waagschale zu werfen haben, so ist es die Armee und nur die Armee. Wir könnten erklären, daß wir zwar mit uns reden lassen, daß wir aber Forderungen gegenüber, die unsere Ehre und Integrität berühren, mit der Waffe in der Hand entgegentreten würden, auch wenn wir selbstverständlich keine Aussichten auf einen Enderfolg hätten." Damit war der zentrale Zweck der militärischen Landesverteidigung zutreffend umschrieben.

Niemand pries das Reduit als perfekte Wunderlösung. Generalstabschef Huber sprach von einem „äußersten Notbehelf". Immerhin sah der Reduitplan, was gerne übersehen wird, die Schaffung von drei Widerstandszonen vor: 1. eine Zone an der Grenze, 2. vorgeschobene Stellungen im Mittelland und 3. die Alpenraumstellung. Das Reduit war ferner keineswegs nur als Fluchtburg gedacht. Es waren Gegenstöße vorgesehen, eine aggressive Verteidigung, die den Kampf auf kurze Distanz suchte. Zudem bestand die stille Erwartung, von Großbritannien im Kampf unterstützt zu werden. Es war von zwei zu diesem Zweck reservierten Swissair-Maschinen die Rede, die nach London hätten fliegen und dort um Hilfe ersuchen

Mai 1940: Freiwillige aller Generationen melden sich bei der Ortswehr. *(Schweiz. Bundesarchiv, Bern)*

Rütli-Rapport vom Juli 1940: Der General verkündet seinen höheren Offizieren, daß die Armee auch künftig ihren Auftrag erfüllen werde. *(Theo Frey © Fotostiftung Schweiz/Schweizerisches Bundesarchiv Bern)*

Mai 1940: Gerüchte über einen bevorstehenden Angriff – panikartige Fluchtbewegung eines Teils der Bevölkerung. (Lothar Jeck)

Gespannte Aufmerksamkeit für wirkliche und vermeintliche Gefahr. (© *Hans Staub/Fotostiftung Schweiz)*

sollen. Generalstabschef Huber ging davon aus, daß im Falle einer partiellen Besetzung mit der Bildung einer neuen, der Invasionsmacht unterstellten Regierung gerechnet werden müsse. Man kann sich fragen, wer wohl die Kollaborateure gewesen wären ...

Alexander J. Seiler, Filmemacher, Jg. 1928, sagt, die Erinnerungsbilder zur Schweiz im Zweiten Weltkrieg seien „fast durchwegs Bilder des Spähens und Horchens nach drüben" gewesen. „Der Igel als Metapher der ‚wehrhaften Schweiz' hat mir nie eingeleuchtet. Eher sehe ich eine Kolonie von Murmeltieren, reglos sitzend und wachend vor ihrem Bau und schrillen Alarm auslösend bei wirklicher wie vermeintlicher Gefahr." (Neue Zürcher Zeitung vom 6./7. September 1997).

Im vertraulichen Gespräch zeigte sich der General im Herbst 1940 hinsichtlich der Einschätzung der militärischen Widerstandskraft nicht besonders optimistisch. Er glaubte, daß der Grenzschutz im Durchschnitt zwei Tage halten könne; die „vorgeschobene Stellung" ungefähr ebenso lange. Diese Stellungen könnten allerdings weiterhin auf die Nachschublinien des vorrückenden Gegners einwirken. Das Reduit würde erst am 4. oder 5. Tage erreicht, dann erst begänne die wirkliche Schlacht.

Dem Reduit kam offenbar neben der Dissuasion auch die Funktion zu, eine akzeptable Form der Niederlage zu ermöglichen, nach einem Kampf, der nicht unbedingt bis zum letzten Blutstropfen geführt werden mußte, sondern nach einer Kampfesphase, welche die Kapitulation verhandelbar machte. Es wäre überhaupt gekämpft worden, und dies wäre mehr als ein Strohfeuer gewesen, es wäre eine wichtige Voraussetzung für die kollektive Selbstachtung und die Achtung durch den künftigen Besetzer (folglich wichtig auch für seinen Besatzungsstil) gewesen. In diesem Sinne betonte General Guisan:

> *„Ein Volk, das seine Unabhängigkeit erkämpft hat, darf dieselbe nicht kampflos wieder preisgeben. Wer feige auf seine Freiheit verzichtet, findet die Kraft nicht mehr, sie unter günstigeren Verhältnissen wieder zu erringen. Für den Tapferen gibt es keinen aussichtslosen Krieg.“* (Befehl zum Operationsplan 13 vom Mai 1941).

Das Dissuasionskonzept beruhte zu einem wichtigen Teil auf dem Gedanken, im Angriffsfall die wichtigen Alpentransitlinien zu zerstören. Die Umsetzung dieser Möglichkeit war aber aufwendiger, als man gerne annimmt. Die erste Evaluation aus dem Jahr 1940 errechnete einen Bedarf von zwei Jahren, 2000 Fachleuten, 15500 t Sprengstoff bei Gesamtkosten von 59 Mio. Franken, was der Hälfte des Militärbudgets von 1938 entsprach. Das Zerstörungsprojekt wurde definitiv erst im April 1941 vom Bundesrat bewilligt, die wichtigen Brücken und Rampen waren erst in der ersten Hälfte 1941, die Tunnels erst in der ersten Hälfte 1942 zur Sprengung vorbereitet.

Das Reduit war gerade zu einem Zeitpunkt kampfbereit, als es durch den Gang der Kriegsereignisse teilweise wieder überholt war. 1944 mußte man jedenfalls wieder Grenz- und Landesverteidigung im traditionellen Sinn betreiben und den vom Westen heranrückenden Alliierten zu verstehen geben, daß man Grenzverletzungen nicht hinnehmen werde.

General Henri Guisan, der Oberkommandierende der Schweizer Armee, wurde schnell zur Symbolfigur des schweizerischen Unabhängigkeitswillens. *(Schweiz. Bundesarchiv, Bern)*

General Guisan

Auf der reellen wie auf der symbolischen Ebene war nicht weniger wichtig, daß es neben dem „Gotthard“ als der zentralen Alpenstellung auch General Henri Guisan als zentrale Identifikationsfigur des kollektiven Widerstandswillens gab. Anfänglich von rechts mit Geringschätzung bedacht und von links mit Argwohn aufgenommen, gewann der bei der Wahl 65jährige Waadtländer nach und nach Respekt und Vertrauen, dank seiner starken Präsenz bei der Truppe und bei zivilen Anlässen. Im Juli 1940 signalisierte er mit dem „Rütli-Rapport“ seinen Offizieren, der Armee insgesamt und der eigenen Bevölkerung, aber auch dem interessierten Ausland, daß die Schweiz ihre Selbständigkeit nicht kampflos aufzugeben gedenke. Könnte seine ausgesprochen rechtskonservative gesellschaftspolitische Position eine wenig günstige Voraussetzung für eine Politik der entschiedenen Abgrenzung gegenüber den Achsenmächten gewesen sein, so war sein ganz markanter nationaler Unabhängigkeitswille dagegen eine gute Voraussetzung für eben diesen Abgrenzungswillen.

Unterhaltungsdienst der Sektion „Heer und Haus“: geistige Nahrung in langen Dienstjahren. *(Schweiz. Bundesarchiv, Bern)*

Wie immer man die militärische Stärke der Schweizer Armee einstuft, die Armee hatte (abgesehen von der erwähnten Stabilitätsfunktion im Innern) einen Wert allein schon dadurch, daß es sie gab. Ohne Armee wäre die Schweiz wesentlich stärker dem deutschen und italienischen Druck ausgesetzt gewesen. Die Schweiz wäre zu einem völlig ungeschützten „Selbstbedienungsladen“ geworden und wäre rücksichtslos ausgebeutet worden wie zum Beispiel Frankreich oder Dänemark.

Militärische Internierung

Zu den nationalen wie internationalen Sicherungsaufgaben der Armee gehörte auch die Internierung der auf neutralen Boden übergetretenen Kombattanten der Kriegsparteien. Gegen die völkerrechtlichen Regeln ließ die Schweiz jedoch unter deutschem Druck im Juli 1940 heimlich 17 deutsche Piloten nach Deutschland ausreisen. Einigermaßen völkerrechtskonform war hingegen die im Januar 1941 zugelassene Wiederausreise von rund

Mit dem Rückzug des Gros der Armee in die Alpenstellung werden die Festungsbauten im „Reduit" wichtiger. *(Schweiz. Bundesarchiv, Bern)*

29000 französischen Armeeangehörigen, die im Juni 1940 interniert worden waren, weil nach dem Abschluß des deutsch-französischen Waffenstillstandes der Krieg zwischen diesen beiden Parteien als beendet aufgefaßt werden konnte. Im Flüchtlingskapitel wird von der Interniertenproblematik nochmals die Rede sein. Hier einige Zahlen, damit man sich eine Vorstellung von den Proportionen machen kann:

Maximalbestand der Internierten (August 1944)

Militärinternierte	13014 (10000 Polen u. 1100 US-Flieger)
Hospitalisierte	459
Militärflüchtlinge	18400 (Italiener)
Deserteure	486
Entwichene Kriegsgefangene	9835 (5000 Briten, 3000 Jugoslawen und Griechen, 900 Russen)
Total	42194

Manche Internierte waren erstaunt darüber, daß sie im Lande des Roten Kreuzes und der „wunderbaren Uhren“ zum Teil mit unnötiger Härte und demütigenden Schikanen behandelt wurden. Später mußten sie darum ringen, von ihren Ländern als ehemalige Kriegsgefangene anerkannt zu werden, während der Internierung waren ihnen von der Schweiz aber sogar die elementaren Rechte von Kriegsgefangenen nicht zuerkannt worden. Die offizielle Schweizer Statistik gibt auch Auskunft über die Fluchtversuche:
947 von US-Internierten (763 erfolgreich, 184 erfolglos)
204 von britischen Internierten (86 erfolgreich, 118 erfolglos)

Luftraumverletzungen

Souveränität und Neutralitätsschutz beschränkten sich nicht auf den Boden. Die Schweiz wäre verpflichtet gewesen, die Benützung „ihres“ Luftraumes durch die kriegführenden Mächte zu verhindern. Die Luftraumverletzungen lassen sich grob in drei Kategorien einteilen:

1. Zum Teil bewußt und provokativ begangene Luftraumverletzungen durch kleine deutsche Jagdverbände. Deren Aufgabe war es, die Standfestigkeit des militärischen Abwehrwillens zu testen. Zu Zwischenfällen dieser Art kam es vor allem im Frühsommer 1940. Im Bereich der Luftverteidigung befand sich die Schweizer Armee zeitweise im Krieg. Zwei Angehörige der Schweizer Luftwaffe bezahlten ihren Einsatz mit dem Leben. Diese heroische Episode der Kriegsjahre nimmt im kollektiven Bewußtsein einen wichtigen Platz ein.
2. Britische Bombergeschwader wählten vom Spätsommer 1940 an auf ihren nächtlichen Einsätzen gegen Norditalien regelmäßig den für sie kürzeren Weg über die Schweiz. Da diese Geschwader in großer Höhe flogen, konnte die Flugabwehr nichts gegen sie ausrichten. Deutschland protestierte mehrfach energisch, obwohl die deutsche Abwehr gegen diese Flüge, bevor sie in den schweizerischen Luftraum eindrangen, ebensowenig unternehmen konnte.
3. In den Jahren 1943/45 bewegten sich mitunter auf dem Weg von oder nach Deutschland von Nordafrika aus oder dorthin fliegende amerikanische und britische Bomberflugzeuge auch im schweizerischen Luftraum, irrtümlich oder weil es Vorteile

Sperrzone für die Internierten und entfernte Wegweiser für den potentiellen Angreifer. (© *Hans Staub / Fotostiftung Schweiz*)

brachte, einige waren wegen Treffern nicht mehr flugtüchtig, andere hatten nicht mehr genug Treibstoff. Die Schweizer Flugabwehr hatte Befehl, falls diese Flugzeuge sich nicht in einer offensichtlichen Notlage befanden, ohne Vorwarnung auf die „Eindringlinge“ zu schießen. Im Juli 1943 holte sie erstmals zwei Bomber herunter, 14 Briten kamen dabei ums Leben. Nachrichtenchef Roger Masson war ungehalten über die bei der Beisetzung abgegebenen Sympathiekundgebungen für eine Kriegspartei, die nicht auf schweizerische Interessen Rücksicht nähme. Im Oktober 1943 kamen infolge Beschießung durch die Schweizer Armee 13 Soldaten der US-Air Force um. Schon damals gab es Stimmen, die dagegen protestierten, daß die „Befreier“ der Schweiz von eben dieser Schweiz beschossen würden. Ihnen wurde entgegengehalten, die Behauptung, diese Flugzeuge seien auch für die Schweiz unterwegs, sei Kriegspropaganda, die Neutralität müsse strikte und absolut nach

Militärinternierte beim Verlegen von Schienen.
(© Hans Staub/Fotostiftung Schweiz)

beiden Seiten verteidigt werden. Diese Phase der schweizerischen Luftraumverteidigung ist im Gegensatz zur ersten ein eher verdrängter Teil der Geschichte. Alles in allem wurden durch Schweizer Fliegertruppen 6 Flugzeuge und durch die Schweizer Flab 9 Flugzeuge der Alliierten abgeschossen. Im weiteren kam es zu insgesamt 137 Notlandungen und Landungen. Bei einem Eskortenflug wurde ein Schweizer Pilot über schweizerischem Boden von plötzlich auftauchenden US-Jagdflugzeugen tödlich getroffen. Noch 50 Jahre später waren solcher Ereignisse bebildete Erinnerungsartikel wert.

Am Samstag, 18. März 1944, waren es gleich 12 mächtige Bomberflugzeuge (9 „Liberators“ und 3 Boeing B-17 G oder „Fliegende Festungen“), welche, von schweizerischen „Morane“- und „Messerschmitt“-Jägern begleitet, im Raume Zürich landeten. Viele Menschen begaben sich statt in die Luftschutzkeller auf die

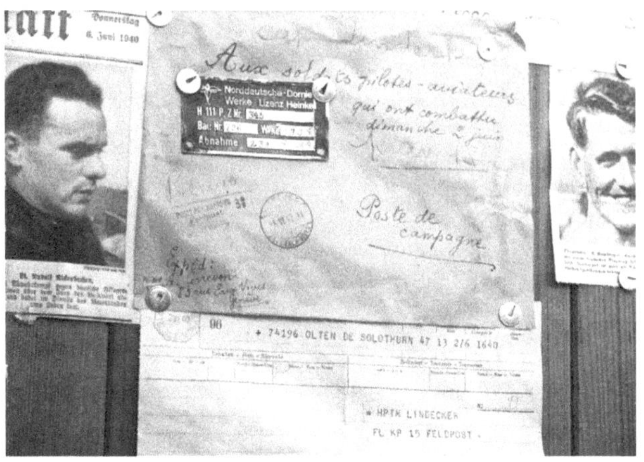

Im Juni 1940 befand sich die Schweiz für einen kurzen Moment im nichterklärten Kriegszustand. Zwei Angehörige der Luftwaffe verloren dabei ihr Leben. *(Eidg. Militärdepartement)*

Dächer, um das „Spektakel“ besser verfolgen zu können. Tags darauf zogen 50000 bis 80000 Schaulustige, transportiert in 6 Extrazügen der SBB, nach Dübendorf, um sich die Vögel aus der Nähe anzusehen. (Vgl. Berichte des Tages-Anzeigers vom 17. März und der Neuen Zürcher Zeitung vom 18. März 1994).

Bei Kriegsende (aber nicht schon im Mai, sondern erst im August 1945!) gestattete der Bundesrat den Westmächten die Instandstellung und Rückführung der 90 in Dübendorf stationierten Bomber.

Während des ganzen Krieges verzeichneten die Armeestellen insgesamt 77 Bombenabwürfe bei total 6501 Einflügen (Achse 879, Alliierte 604, nicht identifizierte, doch größtenteils den Alliierten zuzuschreibende Einflüge 5018). Insgesamt fielen in der gleichen Zeit 84 Menschen den Bomben und Flab-Splittern zum Opfer, die 40 erwähnten Opfer von Schaffhausen eingeschlossen. Die Alliierten kamen für alle von ihnen verursachten materiellen Schäden auf. Die offizielle Rechnung für Schaffhausen lautete auf 35,928829 Mio. Franken, nebst 5% Zinsen ab 1. April 1944.

Worüber man lachte …

Ein die 2. Kategorie (die britischen Bombergeschwader) betreffende, aber in argem Widerspruch zum Verhalten gegenüber der 3. Kategorie (der Einzelflüge) stehender Dialog zwischen einer schweizerischen Fliegerabwehrstelle und einfliegenden Flugzeugen der Westmächte:

Schweizer Flab: „Sie dringen in schweizerischen Luftraum ein."
Britischer Pilot: „We know, we know."
Schweizer Flab: „Wir werden schießen."
Britischer Pilot: „We know, we know."
Britischer Pilot: „You are shooting too much leftside."
Schweizer Flab: „We know, we know."

Bewahrung dank der Armee?

In den Kriegsjahren und unmittelbar bei Kriegsende dürften die Meinungen, die das Unversehrtbleiben einzig der Armee zuschrieben, eher eine Ausnahme gewesen sein. Die allgemeine Einschätzung des Armeebeitrages dürfte näher beim Aufgabenverständnis gelegen haben, wie es General Guisan in seinem Schlußbericht vom März 1946 formulierte, daß es nämlich darum gegangen sei, ein genügend starkes Hindernis zu bilden, „um neben den politischen und wirtschaftlichen Argumenten *auch* (Hervorhebung d. Vf.) den Einfluß des militärischen Arguments zu bringen, dadurch jegliche Angriffsabsicht zu schwächen und dem Lande eine möglichst große Sicherheit zu garantieren". Der militärische Faktor wurde demnach nur als einer von mehreren verstanden. Nach einer Phase der Überbetonung der militärischen Schlagkraft in der Ära des Kalten Krieges kehrte inzwischen das Verständnis wieder zum Punkt von 1946 zurück. 1989 erklärte Bundesrat Kaspar Villiger zutreffend: „Unsere Armee war vielleicht keine hinreichende, sicher aber eine notwendige Voraussetzung dafür, daß wir verschont wurden."

Die Auffassung, daß die Schweiz ihre Unversehrtheit in allererster Linie der militärischen Verteidigungsbereitschaft zu verdanken habe, wurde in den späten achtziger Jahren u. a. auch aus tagespolitischen Interessen in Frage gestellt, wie sie von der Gegenseite im entgegengesetzten Sinn instrumentalisiert wurde. In einer etwas

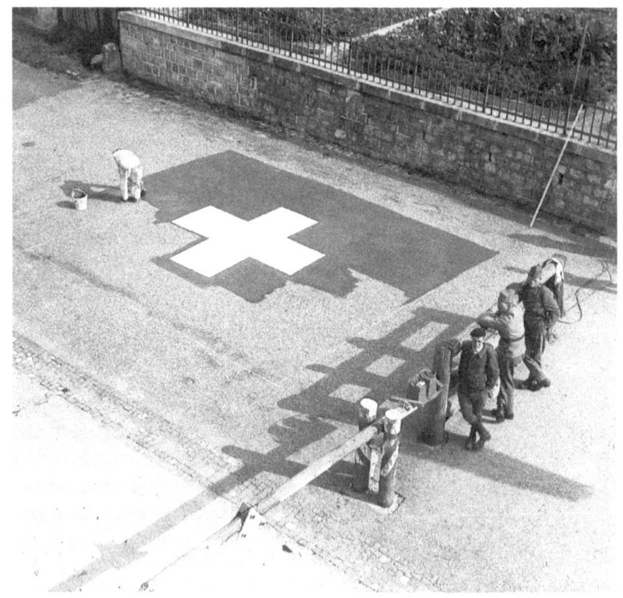

Klare Markierung des Landes für sich selber und für fremde Flugzeuge. Geschlossene Grenze bei Boncourt 1944.
(Photopress, Zürich)

aufgeblähten Liste sind nicht weniger als „13 Gründe“ dafür genannt worden, warum die Schweiz verschont worden oder geblieben sei (vgl. Heiniger 1989). Die meisten sind im Wirtschaftskapitel genannt worden. Eine Relativierung der militärischen Dimension ist durchaus angemessen, hingegen ist eine auf Exklusivität angelegte Fragestellung nach dem, was „ausschlaggebend“ gewesen sei, wenig sinnvoll, weil in einem System wechselseitiger Abhängigkeiten einzelne Faktoren nicht gegeneinander ausgespielt werden können. Zudem veränderte sich das Gewicht der einzelnen Faktoren im Laufe der sechs Kriegsjahre. 1943 übernommenes Gold beispielsweise konnte keine Erklärung dafür sein, daß die Schweiz im Herbst 1940 nicht einkassiert wurde. In der ersten Phase bis zum Zusammenbruch Frankreichs hätte ein Fehlen der Armee die Wahrscheinlichkeit einer Besetzung erhöht, weil die eine oder die andere Kriegspartei eine Präventivbesetzung hätte für nötig halten

Fremde Vögel aus einer anderen Welt: Von 1944 an mußten immer häufiger amerikanische Bomber auf schweizerischem Territorium notlanden. (© *Hans Staub/Fotostiftung Schweiz*)

können, um einem entsprechenden Schritt der Gegenseite zuvorzukommen. In der mittleren Phase der nationalsozialistischen Hegemonie wäre eine Besetzung wenig wahrscheinlich gewesen, weil kein Gegenspieler mehr in der Nähe war und bei einer Besetzung (wegen der Zerstörungen z.B. durch Sabotage oder Einbeziehung der Schweiz in das Bombardierungsprogramm der Alliierten) die Nachteile gegenüber minimalen Vorteilen überwogen hätten. In der dritten Phase aber – des Niedergangs der nationalsozialistischen Vormachtstellung – wäre die Gefahr einer Besetzung stark gestiegen. 1. weil das bedrängte Dritte Reich zu einer Strategie der kurzfristigen Profitmaximierung überging und längerfristige Nachteile in Kauf zu nehmen bereit war, wenn diese nur im Moment die nötige Erleichterung verschafften. Und 2. weil die dritte Phase insofern der ersten entsprach, als die Möglichkeit einer Besetzung durch den Gegenspieler wieder gegeben war.

X. Außenpolitik

Die schweizerische Außenpolitik ist aus Rücksicht auf Kleinstaatlichkeit und Neutralität in der Regel auf ein niedriges Profil angelegt. In Zeiten kriegerischer Auseinandersetzungen kommt der Pflege der Außenbeziehungen jedoch eine besondere Bedeutung zu. Zunächst ging es darum, der Staatenwelt die beim Ausbruch eines kriegerischen Konflikts fällige Neutralitätserklärung kundzutun. Dies geschah gleichzeitig mit der Mobilmachung der Armee, die nach der Formel der „bewaffneten" Neutralität der internationalen Welt und insbesondere den Nachbarn klarmachte, daß die Schweiz ihr Territorium gegen neutralitätsverletzende Angriffe verteidigen würde.

Im allgemeinen ließ sich die schweizerische Außenpolitik vom Grundsatz leiten, daß (abgesehen von der Sowjetunion) mit jedem Staat unabhängig von der Art seines Regimes „freundschaftliche" Beziehungen unterhalten würden. Die Sozialdemokraten hatten wenige Monate vor Kriegsausbruch noch eine Differenzierung einzuführen versucht: korrekte Beziehungen zu allen Staaten, „engere Fühlungnahme" mit den demokratisch regierten Staaten. Theoretisch wurde die Praktizierung von zweierlei Arten von Außenpolitik abgelehnt, in der Praxis aber eine andere Unterscheidung durchaus betrieben: Die Beziehungen zu den unmittelbaren Nachbarstaaten hatten besonders gut zu sein. Daß es sich dabei um Diktaturen handelte, darüber mußte man nicht nur hinwegsehen, man beurteilte dieses Leisetreten lange Zeit sogar eher als Positivum, weil man darin eine Garantie der bürgerlichen Ordnung erblickte. Insbesondere im Bereich der Pressepolitik wurde einiges, was bloße (und verständliche) Rücksichtnahme auf mächtige Nachbarn war, in die höhere Form der völkerrechtlichen Verpflichtung eines Neutralen gekleidet, zum Beispiel 1941 die Unterdrükkung eines Gratulationstelegrammes des britischen Königshauses zum 650. Geburtstag der Eidgenossenschaft.

Eine speziell schwierige Aufgabe der schweizerischen Außenpolitik bestand in der diplomatischen Begrenzung des Schadens, der durch die anhaltenden Luftraumverletzungen durch Großbritannien seit dem Spätsommer 1940 entstand. Die Schweiz befürchtete deutsche Interventionen und in der Folge sogar eine weitergreifende Verwicklung in den Krieg. Die Briten erklärten jedoch, in diesem existentiellen Kampf nicht auf „technische" Neutralitätsverletzungen verzichten zu können, und die Gegenpartei sei nach den Überfällen auf Belgien, Holland etc. nicht legitimiert, Neutralitätsverletzungen anzumahnen.

Die Verdunkelungsproblematik zeigte, daß es Situationen gab, in denen Nichtbegünstigung nicht möglich war. War die beleuchtete Schweiz für Großbritannien ein Vorteil, so war die Verdunkelung des schweizerischen Gebiets für Deutschland vorteilhaft. Es war (nochmals: verständliche) Rücksichtnahme auf die schwierigen Beziehungen zu den gefährlichen Nachbarn und entsprach nicht neutralitätsrechtlichen Verpflichtungen, wenn im September 1940 das Senden von Radioprogrammen nach 22 Uhr eingestellt und im November 1940 die allgemeine Verdunkelung angeordnet wurde, damit sich die britischen Piloten auf ihren Bomberraids nach Italien nachts nicht an den Lichtern und den Radiosendern orientieren konnten. Die erst im September 1944 wieder aufgehobene Verdunkelung setzte während vier Jahren die Schweiz einem höheren Risiko aus – und sie war (insbesondere gegenüber Radfahrern und Taschenlampenbenutzern) ein kleinlich gehandhabtes Instrument einer allgemeinen Disziplinierung.

> *„Im Herzen des verdunkelten Kontinents brannte bisher das bescheidene Lichtlein der Schweiz als ein Zeichen jener Neutralität, die uns stets Verpflichtung gegenüber der Menschheit und Menschlichkeit bedeutet hat. Heute zwingt uns die Verdunkelung des Rechts, die Verfinsterung des Himmels europäischer Gesittung, dieses Lichtlein nach außen abzuschirmen und fast auszulöschen. Aber nicht verdunkeln lassen wollen wir uns den Glauben an die sittlichen Werte, für die unsere Eidgenossenschaft steht und die sie hinüberzuretten holt in eine Zeit, da wieder die Sterne des Rechts und des Friedens über Europa leuchten werden."*
> (Neue Zürcher Zeitung, 7. November 1940)

Bei der Gestaltung der Beziehungen zur Sowjetunion sah sich die Schweiz in einem weiteren Dilemma gefangen: Es war gewiß ein neutralitätspolitischer Makel, daß die Schweiz mit der Sowjetunion keine diplomatischen Beziehungen unterhielt; andererseits hätte

Folge der Verdunkelung: weiße Randsteine zur Orientierung in der Nacht. *(L'Illustré, Lausanne)*

die Aufnahme solcher Beziehungen nicht einfach eine Normalität geschaffen, sondern auch ein politisches Signal bedeutet, bis zum Sommer 1941 zugunsten der einen, nach dem Sommer 1941 zugunsten der anderen Kriegspartei. Nachdem während des finnisch-sowjetischen Winterkrieges 1939/40 keine Annäherung möglich gewesen war, suchten beide Seiten gegen Ende 1940 die Aufnahme von Wirtschaftskontakten. Die Schweiz war an Baumwoll- und Getreideimporten und an Transitbewilligungen für den schweizerischen Handel mit dem Fernen Osten, die Sowjetunion vor allem an Werkzeugmaschinen und an technischer Hilfe für die eigene Uhrenindustrie interessiert. In der ersten Hälfte 1941 bahnte sich eine Normalisierung der Verhältnisse an, Deutschlands Überfall auf die Sowjetunion setzte dieser Entwicklung jedoch ein brüskes Ende.

Auf Schweizer Seite dürfte die Meinung vorgeherrscht haben, daß sie den Zeitpunkt bestimmen könnte und die Sowjetunion sogleich auf jedes Angebot eintreten würde. Im November 1944 wies die UdSSR aber die zuvor von der Schweiz diskret unternommenen Sondierungen öffentlich vehement zurück und beschleunigte damit den Abgang des schweizerischen Außenministers Pilet-Golaz (Dez. 1944). Die diplomatischen Beziehungen mit der Sowjetunion konnten erst im März 1946 unter seinem Nachfolger Max Petitpierre hergestellt werden.

Man könnte sagen, die zentrale Aufgabe der schweizerischen Diplomatie habe darin bestanden, einerseits in Richtung Achsenmächte gegen Verstimmungen wegen der nur partiell gefügsamen Haltung besänftigend zu wirken und andererseits in Richtung Westmächte um Verständnis für die doch unvermeidliche Gefügsamkeit zu bitten – und drittens in beiden Richtungen die Nützlichkeit der Aufrechterhaltung der formellen Unabhängigkeit herauszustreichen. In Phasen polarisierender Auseinandersetzungen haben die mit letzter Kraft kämpfenden Kriegsparteien für neutrales Abseitsstehen in der Regel kaum Verständnis. In der Schweiz war man deshalb darauf bedacht, den Nutzen herauszustreichen, den die Kriegführenden aus dem Sonderstatus des neutralen Kleinstaates ziehen konnten.

Zu unterscheiden ist der schweizerischerseits aktiv hergestellte Nutzen (etwa durch selbst angebotene oder auch nur auf Anfrage zur Verfügung gestellte Mediation und Gute Dienste), ferner zwischen offiziellem oder nur privatem Aktivwerden und schließlich zwischen diesen schweizerischen Aktivitäten und der durch die bloße Existenz gegebenen objektiven Nützlichkeit des schweizerischen Territoriums (insbesondere als Nachrichtendrehscheibe).

Ist von der gespannten Situation der Schweiz zwischen den Konfliktparteien die Rede, denkt man zuerst an die direkten und schnellen Vorteile, die von Seiten der Kriegführenden gewünscht und auf Seiten des Neutralen wenn möglich nicht zugestanden wurden. Daneben gab es ein breites Feld indirekter Parteilichkeiten durch die Teilnahme oder Nichtteilnahme an dem von den beiden Kriegsparteien betriebenen Multilateralismus. Die Schweiz „oft eher die privaten oder nur offiziösen Verbände“ sah sich immer wieder der Gefahr ausgesetzt, vom expansiven nationalsozialistischen Internationalismus umgarnt zu werden, sei es, daß bestehende internationale Organisationen (z.B. das Internationale Büro gegen den Alkoholismus) unterwandert, sei es, daß neue Konkurrenzorganisationen mit Vorliebe unter dem Etikett des „Europäischen“ geschaffen wurden (z.B. eines Europäischen Post- und Fernmeldevereins oder eines Europäischen Bibliothekarenverbandes). Im Weltpostverein, über den die Schweiz immerhin die Oberaufsicht hatte, setzte sich die Schweiz dafür ein, daß die besetzten Staaten Polen, Jugoslawien, Tschechoslowakei ihre Rechte behielten. An der 1939 gegründeten Internationalen Forstzentrale wirkte die Schweiz mit, u.a. um auf diese Weise leichter an Reichsmarschall Göring heranzukommen, der bekanntlich eine große Liebe zum Wald (insbesondere zum deutschen Wald) hatte. Die kompromittierende Übernahme eines Vizepräsidiums konnte man 1943 aber mit Hinweis auf Gesundheitsprobleme des schweizerischen Oberstforstdirektors vermeiden. Zum Internationalismus der Gegenseite (insbesondere der UN Relief and Rehabilitation Administration und der Finanz- und Währungskonferenz von Bretton Woods) blieb die Schweiz, da der unmittelbare Druck für eine Teilnahme geringer war, auf größerer Distanz. Immerhin wurde mit der Zulassung eines inoffiziellen Vertreters eine offiziöse Anerkennung der UNRRA zugestanden.

Es fällt auf, daß die schweizerischen Außenbeziehungen einerseits sehr pragmatisch – orientiert nach momentanen Notwendigkeiten – gestaltet, andererseits aber immer auch mit einem System grundsätzlicher Überlegungen rückgekoppelt waren, d.h. das konkrete Handeln mit abstrakten Prinzipien legitimiert wurde. Diese Legitimationen erwiesen sich dann aber gegen Ende des Krieges, als ein anderer Pragmatismus (oder Opportunismus) nötig wurde, als selbst gebaute Fallen. Das war so, als die Goldkäufe mit der Gutgläubigkeitsthese als rechtens dargestellt wurden; und es war so, als die Pressekontrolle Beschimpfungen von Staatsmännern grundsätzlich für unzulässig erklärte und Hitler und Mussolini presserechtlich in einem Moment noch schützte, als alle wußten, daß sie Kriegsverbrecher waren. Der Rückzug ins Administrativ-Rechtliche wollte Politikvermeidung betreiben, letztlich wurde er aber gerade deswegen hoch politisch.

Nachrichtenzentrum

Die Schweiz war während des letzten Weltkrieges ein bedeutender Umschlagplatz für kriegswichtige Nachrichten. Die Aktivität der Achsenmächte richtete sich allerdings fast ausschließlich gegen die Schweiz selbst und gegen die in der Schweiz operierenden Nachrichtenleute der Alliierten. Denn als Plattform für Aufklärungen über ihre Kriegsgegner eignete sich die Lage des schweizerischen Territoriums schlecht. Um so wichtiger war für die Alliierten die Schweiz als „Horchposten auf dem europäischen Kontinent". Besonders bekannt sind die Aktivitäten des Amerikaners (und nachmaligen CIA-Chefs) Allan Dulles und des für die Sowjetunion arbeitenden Ungaren Alexander Rado. Beide stehen aber für größere Organisationen mit breit angelegten Netzen von Informanten.

Den größten Nutzen zog jedoch der vor allem auch an politischen und wirtschaftlichen Informationen interessierte britische Geheimdienst, dies im übrigen, wie explizit anerkannt wurde, nicht zuletzt wegen der Sympathien, die Großbritannien in weiten Kreisen der Bevölkerung und der Wirtschaft genoß. In den Jahren 1940–1943 genoß die Nachrichtenbeschaffung aus der Schweiz höchste Priorität, darum wurde das Ministerium für Wirtschaftskrieg (MEW) angewiesen, die Schweiz mit einem gewissen Entgegenkommen zu behandeln. Umgekehrt verhielt sich die schweizerische Abwehr gegenüber der britischen Nachrichtentätigkeit sehr nachlässig und, was dem schweizerischen Außenministerium etwas Sorgen bereitete, wesentlich nachlässiger als deutschen Übergriffen gegenüber.

Die durch die Schweiz laufenden Nachrichten zur deutschen Kriegführung haben den Alliierten bemerkenswerte Vorteile gebracht, zumal der deutsche Emigrant Rudolf Rößler, der über eine erstklassige Quelle aus Hitlers unmittelbarer Umgebung verfügte, vom Herbst 1942 bis zum Herbst 1943, also während einer entscheidenden Phase des Weltkrieges, die nach Moskau laufende Linie belieferte. Doch berechtigt diese Tatsache nicht zu der Behauptung, der Krieg sei in der Schweiz entschieden und der im Kampfe unbesiegbaren deutschen Wehrmacht erneut ein Dolchstoß in den Rücken versetzt worden.

Zu Kontroversen Anlaß gab die Frage, unter welchen Umständen die Gruppe Rado im Herbst 1943 aufflog. Die eine Version lautet, die Schweiz habe auf deutsches Geheiß Rados Agententätigkeit ein Ende bereitet; die andere anerkennt, daß Deutschland von Rado gewußt habe, vertritt aber die Meinung, die Schweiz habe von sich aus eingegriffen, nachdem sie bei einer verstärkten Überwachung der Funktätigkeit an der Südgrenze (im Zusammenhang mit der Verlagerung des Kriegsschauplatzes nach Italien) den Schwarzsender der Gruppe um Rado aufgespürt hatte.

Gute Dienste

Die Schweiz blieb ein internationales Dienstleistungszentrum. So blieb sie auch Gastgeberin des Völkerbundes, obwohl die „Genfer Liga", wie sie im nationalsozialistischen Jargon despektierlich genannt wurde, tatsächlich zu einer Organisation der Westmächte geworden war. Das Generalsekretariat behielt bis zur Auflösung im April 1946 seinen Sitz in Genf, und die Schweiz blieb trotz der Polemik der Achsenmächte während des ganzen Krieges Mitglied dieses internationalen Rumpfgebildes.

Einen gewissen Ausgleich zu der zum Teil neutralitätsrechtlich nötigen, zum Teil auch nur neutralitätspolitisch erwünschten Zurückhaltung schufen die Guten Dienste, welche die Schweiz in Vertretung von Staaten leistete, die wegen des Krieges nicht mehr über reguläre diplomatische Beziehungen verfügten. Unmittelbar nach Kriegsausbruch übernahm die Schweiz die ersten Aufträge, als stellvertretende Instanz fremde Interessen wahrzunehmen. Mit fortschreitender Ausdehnung des Kriegsschauplatzes stieg auch die Zahl der Schutzmacht-Mandate, bis sie 1943/44 mit 219 Einzelmandaten ihren Höhepunkt fand. Zuweilen waren über 1200 Personen ausschließlich mit Schutzmachtaufgaben betraut. In einigen Fällen hatte die Schweiz die Interessenvertretung gleich beider Konfliktparteien übernommen, zum Beispiel die deutschen Interessen in England und die englischen Interessen in Deutschland vertreten. Eine wichtige Schutzmachttätigkeit bestand darin, Kriegsgefangenenlager zu besuchen und den Gefangenenaustausch zu organisieren.

Die Schweiz verwaltete mit ihrer Schutzmachttätigkeit zeitweise die Interessen von vier Fünfteln der Weltbevölkerung, sie spielte deswegen aber nicht etwa die Rolle einer diplomatischen Großmacht. Die Guten Dienste waren von hohem humanitärem Wert, aber ohne größeres politisches Potential. Dies hätten sie ihrer Natur nach auch nicht haben dürfen, mußten sie sich doch auf die gewissenhafte Verwaltung der konsularischen Geschäfte beschränken. Gewissen Staaten gelang es nicht immer, die Natur der Schutzmachttätigkeit zu begreifen; zuweilen sahen sie in der Schweiz darum weniger die neutrale Schutzmacht, sondern den durch die Schweiz juristisch vertretenen Feind. Diese Erfahrung machte man insbesondere in Japan, wo die Schweiz Interessen von 20 Feindstaaten wahrzunehmen hatte. Gewiß erntete man mit dieser schwierigen Aufgabe nicht nur Anerkennung und Dank. In der westlichen Presse erklang der Vorwurf, die Schweiz habe die Regierungen der Alliierten nur ungenügend auf die in deutschen und japanischen Kriegsgefangenenlagern herrschenden Zustände aufmerksam gemacht. Der US-Staatssekretär Cordell Hull betonte aber in seinen Memoiren die Wichtigkeit der über die Schweiz laufenden Verbindung und anerkannte: „Wir waren sehr dankbar für die gewissenhafte Art und Weise, mit der sie ihre Aufgabe erfüllte."

Friedensvermittlung

Gegenüber Friedenssondierungen verhielt sich die Schweiz sehr zurückhaltend, hatte sie doch im Ersten Weltkrieg diesbezüglich schlechte Erfahrungen gemacht. Die Schweiz wurde nicht selbst initiativ, weil sie ihren Neutralitätsstatus nicht gefährden wollte. Aber auch die bloße Unterstützung eines Friedensvorschlages hätte eine Begünstigung desjenigen bedeuten können, der aus einer Position der Stärke heraus Friedensangebote unterbreitete oder mit wenig ernst gemeinten Friedensvorschlägen die Gegenpartei diskreditieren wollte.

Als das Dritte Reich nach dem Polenfeldzug Anstalten zu einem Friedensangebot machte und als es nach der Eröffnung des Ostfeldzuges einem Separatfrieden mit dem Westen nicht abgeneigt war, hätten die Alliierten es der Schweiz in der Tat übelgenommen, wenn sie mit ihrer Vermittlungsbereitschaft Angebote an die Achsenmächte unterstützt hätte, die nicht die Wiederherstellung der Verhältnisse vor Kriegsausbruch zur Grundlage gehabt hätten. Trotzdem könnte Bundesrat Pilet 1943 über den Vatikan einen deutschen Sondierungsversuch für einen Separatfrieden mit dem Westen weitergeleitet haben.

Friedensfühler sind immer wieder auch über private Kanäle in der Schweiz ausgestreckt worden. Wichtigster Adressat (und vielleicht auch Ausgangspunkt) dieser Kontaktversuche war IKRK

Vize-Präsident Carl Jacob Burckhardt. Keine der diskreten Sondierungen führte zu konkreten Ergebnissen.

Eine besondere Kategorie von Friedensvermittlung bilden die Kapitulationsverhandlungen. Über „Bern" liefen seit dem 10. August 1945 die japanisch-amerikanischen Verhandlungen, die schließlich am 2. September im Pazifik zur Unterzeichnung der Kapitulationsurkunde führten und dem Zweiten Weltkrieg ein Ende setzten. Wenn die Schweiz aber mehr als bloß administrative Vermittlungsinstanz hätte sein sollen, legte sie auch in Kapitulationsfragen größte Zurückhaltung an den Tag. So lehnte es die Schweiz im Sommer 1943 ab, einen italienischen Kapitulationsvorschlag als schweizerische Anregung auszugeben. Der italienische Außenminister Guariglia hatte Hemmungen, mit dem für Deutschland abträglichen Vorschlag selbst aufzutreten, hätte sich hingegen in der Lage gesehen, ihn zu unterstützen, wenn er als schweizerischer Vorschlag präsentiert worden wäre. Guariglia täuschte sich aber, wenn er glaubte, daß die Schweiz einen für das Dritte Reich nachteiligen Vorschlag lancieren würde.

Schweizer spielten gegen Kriegsende in mehreren Fällen bei den jeweils zu treffenden Übergaberegelungen eine wichtige Rolle, zum Beispiel: im Frühjahr 1944 in Florenz der dortige Konsul Carlo Steinhäuslin, im August 1944 in Vichy der schweizerische Gesandte Walter Stucki bei der Übergabe der Macht an die „Forces françaises de l'intérieur" (FFI), im März 1945 in Bad Godesberg der Generalkonsul Franz Rudolf von Weiß als Mediator im Auftrag des Stadtrates zwischen der deutschen und der amerikanischen Front.

In der Berner Zentrale verhielt man sich solchen Vermittlungsaktionen gegenüber höchst zurückhaltend, ja ablehnend. Gesuchen um Interventionen zum Schutze der Kulturgüter Wiens, Budapests und des königlichen Palasts von Vrania in Bulgarien wurde nicht entsprochen, weil entsprechende Schritte fast ausschließlich bei der einen Kriegspartei hätten unternommen werden müssen, dies als eine einseitige Einmischung hätte empfunden werden und dieser Eindruck dem Neutralitätsstatus hätte abträglich sein können.

Von größerer Bedeutung und aus neutralitätspolitischer Sicht alles andere als unbedenklich war die Vermittlung, die im April/Mai 1945 unter schweizerischer Mitwirkung zu einer vorzeitigen Kapitulation der deutschen Armee an der italienischen Front führte. Der schweizerische Nachrichtenmann und Berufs-

Weißes Kreuz und Rotes Kreuz beinahe als Einheit: Präsentation an der Landesausstellung 1939. *(Aus: G. Duttweiler (Hrsg), „Eines Volkes Sein und Schaffen", Zürich 1939)*

offizier Max Waibel engagierte sich in dieser Aktion „privat", also ohne Wissen der offiziellen Stellen. Wegen seiner Eigenmächtigkeit wurde er nachträglich sogar scharf getadelt und entging nur knapp einem Disziplinarverfahren. Die Kapitulation der deutschen Italienarmee hat zwar dazu geführt, daß die Zeit des Blutvergießens verkürzt wurde, daß die oberitalienische Industrie, daß Kulturgüter vor Zerstörung bewahrt wurden, daß die für die Schweiz wichtigen Verkehrswege von den Mittelmeerhäfen zu den Alpen erhalten blieben und daß die Gefahr eines gewaltsamen Rückzuges deutscher Einheiten durch die Schweiz behoben wurde.

Trotzdem oder gerade deswegen war die Beschleunigung der Kapitulation ein Eingriff ins Kriegsgeschehen, der von zwei Kriegsparteien als Verstoß gegen die Neutralitätspflicht aufgefaßt wurde: Einmal natürlich von jenen deutschen Stellen, die hofften, mit ihren noch weitgehend intakten Verbänden den Kampf im österreichischen Reduit fortsetzen zu können. Und dann vor allem von der Sowjetunion, denn mit der deutschen Kapitulation in Oberitalien wurde für die Westmächte der Weg nach Triest frei. Die von Stalin und Tito beabsichtigte Ausdehnung des kommunistischen Einflusses auf Oberitalien wurde vereitelt. Man kann in dieser Aktion, die russischerseits als Verstoß gegen das unter den Alliierten vereinbarten Ausschluß von Separatfrieden ausgelegt wurde, einen der ersten Konflikte der Ära des Kalten Krieges erblicken. Hinzu kam, das sich SS-General Wolff damit straflos in die Nachkriegszeit absetzte (vgl. Biblio: K. von Lingen).

Rotes Kreuz

Das Internationale Komitee vom Roten Kreuz (IKRK) wird, obwohl es keinen Regierungsstatus hat, gerne als Aktivposten der schweizerischen Stellung in der Welt gesehen. Während die Schweiz als Schutzmacht bloß im Auftrag einer fremden Macht handeln konnte und dieses Handeln stets offiziellen Charakter hatte, konnte das IKRK aufgrund seines privaten Status Eigeninitiative entwickeln. Die Initiative war aber durch die mangelnden Rechtsgrundlagen erheblich eingeschränkt. Die geltende Rotkreuzkonvention von 1929 regelte die Behandlung lediglich der Militärgefangenen und nicht auch der Zivilgefangenen. Nachträglich, 1989, anerkannte das IKRK, daß es moralisch verpflichtet gewesen wäre, sich um die Juden in Deutschlands Machtbereich und überhaupt um die Bewohner der annektierten Gebiete zu kümmern; zugleich wies es aber darauf hin, daß der Schutz der Zivilbevölkerung erst mit dem Genfer Abkommen von 1949 völkerrechtlich vereinbart und darum auch möglich geworden sei.

Im militärischen Bereich konnte das IKRK seine Aufgabe wahrnehmen: rund 180 Delegierte unternahmen über 11000 Lagerbesuche, über 100 Mio. Briefe wurden zwischen Kriegsgefangenen und Angehörigen vermittelt. Für die Opfer der Konzentrationslager konnte das IKRK dagegen nur wenig tun. Deutschland betrachtete die Lager entweder als innere Angelegenheit oder als Sicherheitsfrage. Im September 1942 erwog das IKRK ernsthaft, sich mit einem Appell an die Weltöffentlichkeit zu wenden, es ließ das Projekt nach einer Intervention von Bundesrat Philipp Etter aber wieder fallen, um das Wenige, das möglich war, nicht aufs Spiel zu setzen. Das IKRK wollte nicht auf Kosten konkreter Hilfsmöglichkeiten die Rolle eines verurteilenden Gerichts spielen. 1943 gelang es, erste Hilfssendungen in Konzentrationslager zu schikken, das IKRK mußte aber bis zum März 1945 warten, bis seine Delegierten Zugang zu vereinzelten KZs erhielten.

Humanitäre Hilfsaktionen

Es gibt sie, die zahlreichen Geschichten, die vom persönlichen Engagement von Schweizerinnen und Schweizern zeugen und dazu beigetragen haben, daß Humanität kein leeres Wort geblieben ist. In den Buchhaltungen der nationalen Leistungen und Fehlleistungen werden solche private Großtaten gerne verrechnet, beziehungsweise eben gegen öffentliche oder private Untaten aufgerechnet. Hier soll ebenfalls auf einige dieser nachträglichen Vorzeigepersonen verwiesen werden, doch weniger in einer verrechnenden als in der einfachen Absicht, aufzuzeigen, daß es solche damals eben auch gab und Zeitgenossen bis zu einem gewissen Grad für sich entscheiden können, worin ihre Zeitgenossenschaft besteht.

Stellvertretend für weniger bekannte Namen ist da der St. Galler Polizeihauptmann Paul Grüninger zu nennen, der 1938 mit Protokollfälschungen den Grenzübertritt von zahlreichen Flüchtlingen möglich gemacht und das persönliche Engagement mit seiner Entlassung bezahlt hat. Im humanitären Hinterland erlangten zwei Frauen als „Flüchtlingsmütter" eine zentrale Bedeutung: auf bürgerlicher Seite Gertrud Kurz, auf sozialistischer Seite Regina Kägi-Fuchsmann. 1944/45 setzte sich Generalkonsul Carl Lutz in Budapest für die Rettung von Tausenden von Juden ein und erntete zu Hause damit zunächst nur Kritik und Verdächtigungen. Ebenfalls in Budapest und in ähnlicher Weise war der IKRK-Delegierte Friedrich Born tätig. In dieser letzten Phase, die wegen der hastigen Auflösung von Lagern und der Umsiedlung ihrer Insassen besonders gefährlich war, gelang es dem IKRK-Mitarbeiter Louis

Vermittlung von Briefen durch das IKRK, in den letzten Kriegsmonaten durchschnittlich 20000 pro Tag. *(M.R. Bouverat, Genève)*

Häfliger mit seinem (von der Zentrale beanstandeten) Engagement, 60000 Häftlingen des KZ Mauthausen das Leben zu retten. Anne-Marie Im Hof-Piguet betreute als junge Rotkreuz-Helferin im besetzten Frankreich jüdische Kinder und schleuste viele von ihnen in die Schweiz. Eine andere Rotkreuz-Helferin, Friedel Bohny-Reiter, leistete im französischen Internierungslager Rivesaltes humanitäre Schwerarbeit. Diese Aufzählung müßte um viele weitere Namen von „heroes“, wie man sie in den USA nennen würde, erweitert werden.

Die meisten leisteten ihr humanitäres Engagement, ohne daß es über einen kleineren Kreis hinaus bekannt wurde, und sie leisteten es sicher aus einer universalen Ethik, zum Teil aber auch, weil sie sich als Bürgerinnen und Bürger der Schweiz dazu verpflichtet fühlten.

Schweizer im Ausland

In einer Schrift über die Schweiz im Krieg sollte ein Abschnitt über die Schweizer im Ausland nicht fehlen. Wir wissen aber sehr wenig über die Lebensbedingungen in den Auslandschweizerkolonien während des Zweiten Weltkrieges. Es gibt einzelne Berichte über Schweizer, die in KZ-Haft waren. 150 Namen sind bekannt, 300 könnten es gewesen sein. In Mauthausen erinnert eine Gedenktafel an Schweizer Häftlinge. Speziell gefährlich waren die Verhältnisse für jüdische Schweizer in Frankreich. Es gab Schweizer, die sich durch ihre Behörden – oft ohne Nachrichten von der Heimat – gegenüber dem sie bedrängenden Gastland zu wenig geschützt fühlten; es gab aber auch andere, die sich auf die Seite der diktatorischen Regime stellten und dem Bundesrat vorwarfen, er würde mit seiner Politik ihnen das Leben im Gastland unnötig schwermachen (und die Geschäfte verderben). Auch gab es noch einige aktive Anhänger der Regime des „Neuen Europa“: im Reich zum Beispiel den in der Waffen-SS engagierten Benno Schaeppi, im besetzten Frankreich zum Beispiel den Publizisten Georges Oltramare.

In den Nachbarländern lebten während des Krieges immerhin etwa 150000 Schweizer Bürger und Bürgerinnen, wovon etwa 50000 in Deutschland und etwa 15000 in Italien. 1939 kehrten gegen 20000 Schweizer und Schweizerinnen zurück, im Mai 1940 folgte eine zweite Welle und 1945 die größte Zahl von Rückwanderungen. 1942 wurde die restriktive Flüchtlingspolitik unter anderem damit gerechtfertigt, daß man für Auslandschweizer noch Plätze im „Boot“ reservieren müsse für den Fall, daß solche plötzlich heimzukehren gezwungen sein könnten. Insgesamt kehrten wegen des Krieges etwa 68000 zurück, einige, weil sie zum Militärdienst aufgeboten worden waren; einige, weil der Krieg ihre Existenzgrundlage in Frage gestellt oder gar genommen hatte; andere, weil das Gastland die Heimkehr angeordnet hatte. In derartigen Extremsituationen begann das Repatriierungs-Prinzip zu spielen, wonach Angehörige ihren Heimathafen aufsuchten, so wie umgekehrt die Staaten verpflichtet waren, ihre „Landeskinder“ aufzunehmen. Das Eidg. Kriegsfürsorgeamt unterhielt eine Sektion für Heimschaffung, die in mehrfacher Hinsicht den besonderen Bedürfnissen dieser Situation zu entsprechen hatte. Besondere Schwierigkeiten hatten Schweizerinnen, die infolge Verheiratung ihr Bürgerrecht verloren hatten, es dann aber doch wiedererlangen konnten.

Auslandschweizer/innen 1926–1945

	1926	**1938**	**1945**
Deutschland	46961	48916	25980
Frankreich	131109	95282	93980
Italien	19354	16870	13187
Österreich	4746	4340	2689
Nachbarn total	202370	165658	136436
Großbritannien	13267	16917	16743
Europa total	234614	201068	165742
Gesamttotal	319302	289927	248139

XI.
Flüchtlingspolitik

In der Systematik ist die dem Justizdepartement unterstellte Flüchtlingspolitik teilweise den Außenbeziehungen und teilweise der Innenpolitik zuzuordnen. Die Zuordnungsproblematik ist mehr als eine Frage der bloß theoretischen Kategorisierung. Sie besagt etwas über das Grundverständnis der in diesem Bereich maßgebenden Kräfte. Noch immer gibt es die Meinung, daß die Zurückhaltung in der Aufnahme von Flüchtlingen vor allem außenpolitisch begründet gewesen sei: Man habe die als „Reichsfeinde" diffamierten Juden nicht aufnehmen wollen, weil dies die Beziehungen zum gefährlichen Nachbarn belastet hätte. Gewisse Artikel der nationalsozialistischen Presse wirkten in dieser Richtung. Andererseits sind keine diplomatischen Demarchen bekannt, mit denen das Dritte Reich die Schweiz zu einer restriktiven Flüchtlingspolitik gedrängt hätte. Im Gegenteil, das kleinstaatliche Bedürfnis, gegenüber dem großen Nachbarn Autonomie demonstrieren zu wollen, könnte sich sogar eher zugunsten von Asylsuchenden ausgewirkt haben. Polizeichef Heinrich Rothmund erklärte während eines Besuchs in Berlin im November 1942, die Schweiz würde mit den Juden schon alleine fertig, man würde eine Einmischung des Auslandes weder brauchen noch zulassen.

Restriktiv – diese Qualifizierung kann vielerlei bedeuten. In jedem Fall bedeutet es eine Aufnahmepraxis, die weit hinter der offiziellen Parole vom Asylland Schweiz zurückblieb und im Widerspruch stand zum traditionellen Selbstbild, wie es noch in der Landesausstellung 1939 mit dem Slogan bestätigt wurde: „Die Schweiz als Zufluchtsort Vertriebener, das ist unsere Tradition." Restriktiv meint aber auch, daß die Flüchtlingspolitik gegenüber einer Kategorie – der Kategorie, die am meisten der Hilfe bedurft hätte – besonders harte Restriktionen anwandte. Dafür steht das Edikt vom 13. August 1942: „Flüchtlinge nur aus Rassegründen, z.B. Juden, gelten nicht als politische Flüchtlinge." Restriktiv heißt schließlich auch, daß die Zahl der Aufgenommenen weit hinter der Zahl der Schutzsuchenden blieb.

Die inhumane Gegenparole zur Idealparole von der humanitären Aufgabe der Schweiz war das Wort vom „vollen Boot". Die vom obersten Justiz- und Polizeichef Eduard von Steiger verwendete Originalformulierung vom 30. August 1942 ist allerdings weniger kategorisch:

> *„Wer ein schon stark besetztes kleines Rettungsboot mit beschränktem Fassungsvermögen und ebenso beschränkten Vorräten zu kommandieren hat, indessen Tausende von Opfern einer Schiffskatastrophe nach Rettung schreien, muß hart erscheinen, wenn er nicht alle aufnehmen kann. Und doch ist er noch menschlich, wenn er beizeiten vor falschen Hoffnungen warnt und wenigstens die schon Aufgenommenen zu retten sucht.“* (Bericht Ludwig, 1957, S. 394).

Flüchtlingszahlen

Insgesamt ist in den offiziellen Zahlen (ohne die Nichtgemeldeten) von 295381 Aufgenommenen die Rede. Das Total der Jahre 1939–1945 sagt nichts aus darüber, wieviel Flüchtlinge jeweils zu einem bestimmten Zeitpunkt in der Schweiz weilten.

Offizielle Zahlen der Schutzsuchenden

Sept.	1939	ca. 7000 (wovon 5000 Juden)
Sommer	1942	ca. 10000 (ohne 12000 Militär)
Dez.	1942	ca. 18000 (ohne Militär)
Herbst	1943	ca. 62000 (inkl. Militär)
Dez.	1943	ca. 74000 (inkl. Militär)
Juni	1944	ca. 77000 (inkl. 38000 Militär)
Dez.	1944	103162 (inkl. Militär)
Mai	1945	ca. 115000 (inkl. ca. 50000 Militär)

Wenn man feststellt, daß im September 1942 nur 9600 Zivilflüchtlinge und 12000 Militärinternierte in der Schweiz weilten, wird man sich heute schnell einig sein, daß das Boot damals noch lange nicht voll war. Natürlich hätte das kleine Land nie alle Asylsuchenden aufnehmen können. Das kann aber keine Rechtfertigung für die große Zurückhaltung sein. Die praktizierte Restriktion war, wie sich Albert Oeri in der nationalrätlichen Flüchtlingsdebatte vom September 1942 ausdrückte, Grausamkeit auf Vorrat.

Wichtig ist die Gegenüberstellung der rund 104000 Militärinternierten, deren Aufnahme völkerrechtliche Pflicht war, und

Schwer zu überwindende und in Momenten größter Not sogar total gesperrte Grenze. *(Aus: W. Rings, „Die Schweiz im Krieg“, Zürich 1974)*

der 51129 Zivilflüchtlinge, die aufzunehmen gewissermaßen eine humanitäre Extraleistung bedeutete. Wichtig ist im weiteren innerhalb der Kategorie der rund 50000 Zivilflüchtlinge die religiös-konfessionelle Verteilung genauer anzusehen:

Religion und Konfession der Zivilflüchtlinge

jüdisch	19495
vormals jüdisch	1809
katholisch	22303
protestantisch	2638
orthodox	2319

Die Gruppe der aufgenommenen Katholiken war mithin etwa gleich groß wie diejenige der Juden. Die Schweiz hat in der Kriegszeit nur etwa 21000 jüdische Zivilflüchtlinge aufgenommen (etwa gleich viel wie die um einiges größeren USA). Hinzu kommt sicher noch eine Dunkelziffer unangemeldeter Flüchtlinge. Ihnen stehen die Dunkelziffern der nicht erfaßten Zurückweisungen gegenüber. Offizielle Wegweisungen konnten in rund 24400 Fällen festgestellt werden. Hinzu kamen die 14500 von schweizerischen Außenstellen abgewiesenen Einreisebegehren.

Lebensbedingungen

Das Hauptinteresse auch der gegenwärtigen Debatte gilt noch immer der Zulassungsfrage und nicht der Frage nach den Lebensbedingungen der Zugelassenen. In jüngerer Zeit sind die Verhältnisse in gewissen Flüchtlingslagern Gegenstand von heftigen Kontroversen gewesen und einzelne Vorkommnisse zu Recht diskutiert worden. Es wäre aber ein Anachronismus, wenn man die damals kargen Lebensbedingungen (schlafen auf Stroh etc.) aus heutiger Erwartung beurteilen und sie fälschlicherweise als einzig den Flüchtlingen zugemutet deuten würde. Viele Leute und insbesondere die meisten Soldaten lebten nicht unter anderen Bedingungen. Kritik ist in anderer Hinsicht anzubringen: Durch Familientrennung und Zuweisung unzumutbarer Arbeit verursachte man zum Teil auch unnötige Härten. Durch die Lager-Debatte wird aber völlig ausgeblendet, daß viele Flüchtlinge auch von Familien aufgenommen wurden und diese ihre mitunter auch bescheidenen Mittel unter persönlichem Verzicht mit den Schutzsuchenden teilten.

Dem damals 21jährigen Österreicher Kresimir Neumann gelang 1942 aus Split über Italien die Flucht in die Schweiz, wo er zunächst in einem Auffanglager in Bern lebte, dann, unterstützt von Freunden, in Genf Wirtschaftswissenschaften studierte. Die Semesterferien verbrachte er in Arbeitslagern, u.a. in St. Cergue und Verrières, wo er als Holzsammler, Pöstler, Straßenarbeiter und Küchengehilfe eingesetzt wurde. Heute lebt er als Ken Newman in Sidney und ist dort als erfolgreicher Rohstoffhändler tätig. Die von Alan Schom im Auftrag des Simon Wiesenthal Center in Los Angeles verfaßte Schrift „The Unwanted Guests“ empfand er als derart unzutreffend und ungerecht, daß er in einer weltweiten Einmannaktion 92 ihm bekannte ehemalige Flüchtlinge anschrieb und sie um eine Darstellung ihrer Erlebnisse bat. Die über 60 eingegangenen Antworten hat er zu einem Dossier zusammengestellt. (Neue Zürcher Zeitung vom 11. Mai 1998).

Die zur Unterbringung der Flüchtlinge eingerichteten Lager und Heime hatten nicht nur praktische Gründe, sondern auch Quarantänefunktion: Die Schweiz sollte vor politischer und, was in den Augen der fremdenfeindlichen Nationalisten noch schlimmer gewesen wäre, vor sozialer Ansteckung – vor „kultureller Destabilisierung" – bewahrt werden. Andererseits sollten die Fremden damit auch vor der latent fremdenfeindlichen Bevölkerung ferngehalten werden.

Im Lagerleben waren Ordnung und Disziplin Schlüsselbegriffe: Den Flüchtlingen sollte Ordnung, schweizerischer Ordnungssinn beigebracht werden. Wie groß die anfänglich selbstverständliche Entmündigung war, offenbart die im letzten Kriegsjahr eingetretene Aufwertung der Flüchtlingspersönlichkeit. Jetzt interessierte man sich plötzlich vermehrt für die Ausbildungswünsche und weiteren Zukunftspläne. Und nachdem man anfänglich davon ausgegangen war, daß die Geretteten nur dankbar zu sein hätten für das simple Faktum der Beherbergung, wurde man gegen Kriegsende in zunehmendem Maß daran interessiert, daß die Flüchtlinge später einmal auf ihrer Weiterreise ein gutes Bild (Image) der Schweiz verbreiteten. Von Anfang an hatten viele junge Flüchtlinge und Internierte die Möglichkeit, das Studium weiterzuführen oder mit dem Studium zu beginnen. In den meisten Berichten kommt trotz erlittener Entbehrungen eine tiefe Dankbarkeit dafür zum Ausdruck, daß man mit der Flucht in die Schweiz überhaupt überleben konnte.

Für die Asylsuchenden galt das Prinzip, daß sie den öffentlichen Haushalt nicht belasten durften. Entweder brachten sie selber genug Geld mit, oder ihre entsprechenden Gruppen in der Schweiz mußten für sie aufkommen, Juden für Juden, Katholiken für Katholiken, Sozialisten für Sozialisten. Die 1936 gegründete Dachorganisation der Schweizerischen Zentralstelle für Flüchtlingshilfe versuchte 1939 erfolglos Bundeshilfe zu bekommen.

Von protestantischer Seite wurden ab Spätsommer 1942 Hilfsgelder auch jüdischen Flüchtlingen zur Verfügung gestellt. Die Frage, wer für wen wieviel aufgebracht hat, ist hochkompliziert, sie ist schwer und nur unvollständig rekonstruierbar. Tatsache ist, daß die jüdische Gemeinschaft als kleinste Solidaritätsgruppe für die größte Zahl von Flüchtlingen aufzukommen hatte. Implizit oder gar explizit bestand auf Seiten der Behörden die Meinung, daß die Zahl der Zugelassenen von den finanziellen Leistungen der einheimischen Juden abhänge.

Leistungen der Flüchtlingsfürsorge

Reformierte Organisationen	7 Mio. (1939–1948)
Röm.-Katholische Organisationen	5 Mio. (1933–1947)
Arbeiterhilfswerk	2 Mio.
Ferienkinderaktion	8 Mio. (1933–1947)
Vermögenssteuer	2,4 Mio. (März 1941)
Schweizer. Israelitischer Gemeindebund (SIG)	8 Mio. (1933–1947)
Verb. Schweizer. Jüd. Flüchtlingshilfen (VSJF)	46 Mio. (1933–1947)
American Jewish Joint DC	34 Mio. (1939–1947)
Bund (auch für Militär)	83 Mio. (1939–1945)

Die Ferienkinderaktion wurde größtenteils ebenfalls von der jüdischen Gemeinschaft getragen. Größere Teile der „Joint"-Gelder flossen als heimliche Unterstützungsgelder nach Deutschland weiter. Jacques Picard widmet dieser Unterstützung in seiner Publikation von 1994 einen ganzen Abschnitt. Dort findet man weitere Zahlen und insbesondere auch den Hinweis, daß die Vermögenssondersteuer, mit der im März 1941 etwa 500 wohlhabende Flüchtlinge belastet wurden – zumeist jüdische Flüchtlinge –, nur mit großer Mühe wenigstens teilweise der jüdischen Flüchtlingshilfe zur Verfügung gestellt wurde.

Verantwortungsfrage

Im Bereich der Flüchtlingspolitik wird die Frage nach den determinierenden Faktoren und der Verantwortung besonders nachhaltig gestellt. Der Kostenaspekt wurde von den Behörden zwar zur Begründung einer restriktiven Politik aufgeführt, war aber für die Haltung nicht bestimmend. Auch die Versorgungsproblematik hat bei den Behörden weniger Gewicht gehabt als in der Bevölkerung. Hingegen bereiteten Unterkunfts- und Bekleidungsengpässe gewisse Sorgen. Allerseits wurde der Arbeitsmarktfrage – insbesondere auch im Hinblick auf die Nachkriegszeit – eine hohe Bedeutung beigemessen. Alles in allem waren diese eher materiellen Aspekte jedoch weniger wichtig als die psychologischen, d.h. die Überfremdungsangst, der Antisemitismus sowie die Furcht, die militärische Landesverteidigung könnte beeinträchtigt und die Beziehungen zu Deutschland könnten belastet werden. Von Seiten der Armeeleitung wurde, weil sie die damit verbundene Bewachungsaufgabe als Belastung empfand und im Kriegsfall in den Fremden einen zusätzlichen Unsicherheitsfaktor erblickte, immer wieder eine restriktive Haltung gegenüber Asylsuchenden gefordert. Die Kantone verfügten über einen beträchtlichen Handlungsspielraum und nutzten diesen in unterschiedlicher Weise. Die bürgerliche Mehrheit des Nationalrates deckte und bekräftigte im September 1942 die restriktive Flüchtlingspolitik des Bundesrates.

Bemerkenswert gespalten war die Haltung gegenüber den Internierten der US Air-Force. Viele brachten ihnen wohl große Sympathie entgegen, manche halfen ihnen beispielsweise bei der Umgehung der Briefzensur oder unterstützten ihre Flucht und riskierten dabei, bestraft zu werden. Andere brachten es fertig, auch in dieser Variante fremdenfeindlich zu reagieren. Sie mißgönnten ihnen Frauenbekanntschaften, machten sie für den Niedergang der Familie verantwortlich, mißgönnten ihnen auch ihre Unterbringung in Hotels, die andernfalls leer gestanden wären und – nota bene – jetzt auf Kosten der Alliierten gefüllt werden konnten. Die folgende Stimme aus der rechten Ecke sah die Internierten nicht nur als „Schmarotzer am arbeitenden, anständigen Volk", sondern auch als Vertreter einer höchst schädlichen „Weltgesinnung":

> *„Es ist eine Schande, daß bis jetzt noch nirgends ernsthaft gegen diesen amerikanischen Kitsch und Untergang jedes anständigen Lebens in unserem Schweizerhaus protestiert worden ist. Sind dies die Errungenschaften, welche uns die Alliierten zur Befreiung Europas bringen wollen: Swing-Musik, Gangsterfilme, Hottentotten-Jazz-Musik, Kidnapping-Abenteuer, Sex-Appeal-Filme zur Versinnlichung der Jugend in Höchstform, Streiks, Vergnügungsfimmel etc.?"* (Abschrift eines Briefes vom 4. Oktober 1944, Dokumentation Eugen Bircher)

Die Schweiz nahm in der Flüchtlings- und Fremdenfrage wie in anderen Fragen keine einheitliche Haltung ein. Zwischen den Extrembeurteilungen, die auf der einen Seite eine ganze Generation und auf der anderen Seite ein paar wenige Beamte und Magistraten für schuldig erklären, muß ein differenziertes Ver-

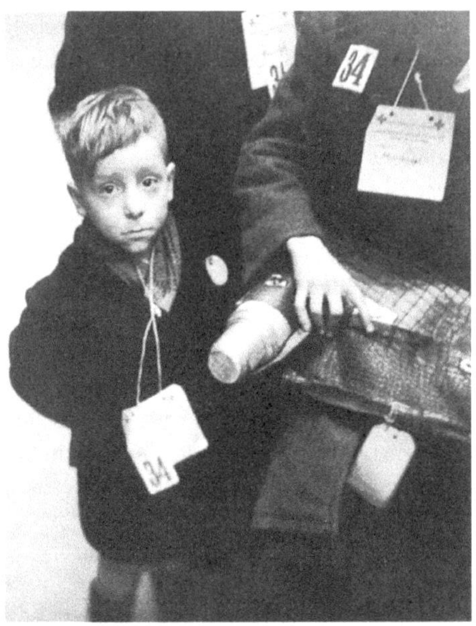

Kinderhilfe, sofern die Rückkehr gesichert war und die Kinder nicht jüdisch waren. (© *Hans Staub / Fotostiftung Schweiz)*

antwortlichkeitsbild gezeichnet werden. Entgegen anderslautenden Behauptungen muß festgehalten werden, daß die Bevölkerung über die Flüchtlingspolitik genügend informiert war. Die Presse trug (wenn auch in gedämpfter Form) das Problem an die Bürger heran und vermittelte umgekehrt den Behörden die öffentliche Meinung. Es ist nicht damit getan, die Verantwortung für das Geschehene gänzlich den Behörden zuzuweisen. Wichtig ist es, den folgenden Dreischritt zu sehen: von den gesellschaftlich produzierten Vorurteilen über die Verdichtung zu politisch fragwürdigen Konzepten zur Übernahme durch die moderne Bürokratie.

Im großen Feld der schweizerischen Mehrheit bestand eine funktionsbedingte Spannung zwischen den Verwaltern einer abstrakten Staatsräson, die sich zu Recht als Vollzieher des Volkswillens verstehen konnten, und den privaten Hilfswerken, die an der humanitären Front konkreten Schicksalen in die Augenblickten. Es ist einzelnen Bürgerinnen und Bürgern zu verdanken, daß die offizielle Unbarmherzigkeit nicht noch größere Ausmaße angenommen und die Schweiz ihre humanitäre Mission wenigstens teilweise erfüllt hat.

Bundespräsident Kaspar Villiger erklärte in der Sondersession vom 7. Mai 1995 zum 50. Jahrestag des Kriegsendes namens der Landesregierung:

> *„Es steht für mich außer Zweifel, daß wir mit unserer Politik Schuld auf uns geladen haben. Mit der Einführung des sogenannten Judenstempels kam Deutschland einem Anliegen der Schweiz entgegen. (...) Wir haben damals im allzu eng verstandenen Landesinteresse eine falsche Wahl getroffen. Der Bundesrat bedauert das zutiefst, und er entschuldigt sich dafür, im Wissen darum, daß solches Versagen letztlich unentschuldbar ist."*

XII.
Sport- und Kulturpolitik

In den dreißiger und vierziger Jahren war weniger von Kultur als von „Geist" die Rede. Daß „Geist" beziehungsweise Kultur in gewisser Hinsicht auch von nationaler Bedeutung sei, ist ein beinahe selbstverständlicher und darum auch sozusagen immer präsenter Gedanke. Im Laufe der dreißiger Jahre verdichtete er sich aber zu einer Bewegung, und während der Kriegsjahre war er zum Teil mit Begeisterung gelebte Praxis. Kultur oder „Geist" rangierten keineswegs am Schluß, sie waren, wenn auch nur als Mittel zum Zweck, eine wichtige Dimension der nationalen Existenz. Damals erklärte der Schriftsteller Albin Zollinger, daß beispielsweise das Werk von Jeremias Gotthelf eine Fliegerabwehrkanone durchaus aufwiege.

Auch im Kunstbereich machte sich bemerkbar, was im Bereich des Sports jeweils sehr schnell freigesetzt wird: Das nationale Kollektiv identifizierte sich mit den individuellen Leistungen oder den Gruppenleistungen und gab sich so selber einen Rang im internationalen Wettbewerb.

Was die symbolische Bedeutung der internationalen Sportwettkämpfe betrifft: Die vier Fußball-Länderspiele Schweiz–Deutschland wurden auf beiden Seiten als Teil der großen Auseinandersetzung zwischen beiden Nationen verstanden. Die Anwesenheit prominenter Gäste (zum Beispiel General Guisans oder des deutschen Gesandten Köcher), der Hitler-Gruß der „großdeutschen Elf", die Hymnen und Embleme unterstrichen diesen Charakter. Neben drei Niederlagen konnte die schweizerische Nationalmannschaft im April 1941 in Bern gegen den deutschen „Erzfeind" immerhin auch einen 2:1-Sieg erringen. 1950 bot die Schweiz dem militärisch besiegten Deutschland als erstes wieder die Hand mit und in einem Länderspiel.

Diese internationalen Sportkontakte machen aber auch die allgemeine und anhaltende Problematik der Instrumentalisierung des Sports durch Politik und die scheinbar apolitische Natur des Sports sichtbar, wie sie fatalerweise schon 1936 mit der Mitwirkung an der Olympiade von Berlin praktiziert worden war. 1946 schrieb Ernst Schürch, der ehemalige Chefredaktor des „Bund", rückblickend noch immer in heiligem Zorn: „Was bekamen wir nicht besonders

1936, im Jahre der Olympiade, von Sportlern, Segelbrüdern, Jodlern und andern braven Eidgenossen alles zu hören, die Lustfahrten durchs Reich machen durften und denen nirgends auch nur das geringste Konzentrationslager begegnen wollte!"

Offiziöse Kulturförderung

Es war nicht erstaunlich, aber ein Novum, daß man sich auch staatlicherseits zum Promotor der „Geistigen Landesverteidigung" machte. Das Parlament beschloß im Frühjahr 1939, eine private Stiftung mit dem Namen „Pro Helvetia" zur schweizerischen Kulturwahrung und Kulturwerbung zu schaffen und diese mit einem jährlichen Budget von immerhin 500000 Franken auszustatten (was mehr als das Doppelte der Wehranleihe von 1936 war). Bezeichnenderweise ging anfänglich, das heißt in den Jahren des Krieges, die Hälfte des Kredites an die Armeesektion „Heer und Haus" zur geistigen Förderung der Wehrmänner. Die Stiftung wurde in ihrer heutigen Funktion erst 1949 gegründet.

Das Kulturverständnis der Kriegsjahre entsprach ganz den Prinzipien, wie sie schon 1938 in der Botschaft zur Kulturwahrung formuliert worden waren. Damals erhielt der wichtige Begriff der „Geistigen Landesverteidigung" seine offizielle Definition als Aufgabe, „die geistige Eigenart unseres Landes und unseres Staates neu ins Bewußtsein zu rufen, den Glauben an die erhaltende und schöpferische Kraft unseres schweizerischen Geistes zu festigen und neu zu entflammen und dadurch die geistige Widerstandskraft unseres Volkes zu stählen." (Bundesblatt, 1938 II, S. 985V).

In der französischen Schweiz reagierten manche mit Skepsis auf die Pläne einer bundesstaatlichen Kulturförderung; man tat das Projekt ab als Folge einer „Mystischen Gemeinschaft um jeden Preis" („mystique de l'union à tout prix") und als „Einrichtung einer aus der Angst geborenen Einheit" („établissement d'une unité née de la peur"). Es sei ein Irrtum, „eine geistige Union der Schweizer in einer Mischung aus unterschiedlichen Sprach- und Regionalkulturen finden zu wollen" („de chercher l'unité spirituelle des Suisses dans un mélange des cultures propres aux différentes régions linguistiques"). Zuvor hatten viele Romands die starke Mundartbewegung der deutschen Schweiz kritisiert.

Skulptur „Wehrbereitschaft“ von Hans Brandenberger für die „Landi 39“.
(Aus: G. Duttweiler (Hrsg.), „Eines Volkes Sein und Schaffen“, Zürich 1939)

Nationale Einheitskultur?

Indessen waren weder eine helvetische Einheitsmischung noch geistige Autarkie das Ziel der „Geistigen Landesverteidigung“. Die Zugehörigkeit zu den geistigen Lebensräumen der deutschen, französischen und italienischen Kultur wurde nie verneint. Francesco Chiesa betonte 1941 diese Kulturverbundenheit sogar etwas zu stark, indem er Italien als Lebensquell (perpetua nutrice) und die Italiener als Blutsbrüder (sono il nostro sangue) bezeichnete und sich damit den Vorwurf einhandelte, den Irredentismus zu fördern. Um keine falschen Zugehörigkeitsideen zu begünstigen, zogen es manche vor, statt von der deutschen Schweiz, von der Nordwest-, der Zentral- und der Ostschweiz zu sprechen, statt von der italienischen Schweiz von der Südschweiz, statt von der französischen Schweiz von der Westschweiz. 1939 trug sich der Deutschschweizer Sprachverein in einer Mischung von Abgrenzungsbedürfnis gegen Norden und eigener Blut-und-Boden-Mentalität mit der Absicht, die Ersetzung der Sprachbezeichnung „Deutsch" in der Bundesverfassung durch „Schwyzerdütsch" vorzuschlagen.

Selbst Max Frisch war damals der Meinung, der schweizerische Theaterbetrieb sei zu weltoffen. „Wir sind Schweizer und müssen es heute leidenschaftlicher sein als je." Was „schweizerisch" war, wurde nicht näher präzisiert, es verstand sich offenbar von selbst. Es definierte sich positiv als freiheitlich gesinnt und als demokratisch, es definierte sich aber mindestens so sehr negativ, durch Abgrenzung gegen das Fremde und durch Abwehr gegen die faschistische und nationalsozialistische Gleichschaltungspropaganda. Die Abwehr richtete sich aber auch gegen alles, was der Linken zugeschrieben wurde, schon seit den frühen zwanziger Jahren und später noch in den fünfziger und sechziger Jahren. Die Pflege der vaterländischen Kultur sollte ein Bollwerk bilden gegen die geistige Zersetzung durch kritische Intellektuelle, „unmoralische" Künstler, unreligiöse Materialisten, kurz: gegen die Moderne, die man als „Nihilismus" und „Kulturbolschewismus" abtat.

Die zwei Seiten der „Geistigen Landesverteidigung"

Was „Geistige Landesverteidigung" war, können die beiden folgenden, ziemlich konträren und doch dem gleichen Kern entsprungenen Produkte dokumentieren:

Das eine Produkt ist insofern typisch, als es in scheinbar atypischer Schlichtheit einen Ort des öffentlichen Bekenntnisses für humanitäres, demokratisches und künstlerisches Engagement des in die Gemeinschaft eingebetteten Individuums entstehen ließ: Gemeint ist die 1941 gegründete, von Arnold Kübler redigierte und von Emil Schultheß gestaltete Zeitschrift „Du". „Wir erleben Krieg um uns", bemerkte das Editorial, dies sei eine Herausforderung. „Alle Tage rufen es uns zu: Du bist nicht allein! Du bist nicht für dich alleine da. Du hast Verantwortung und Aufgaben jenseits

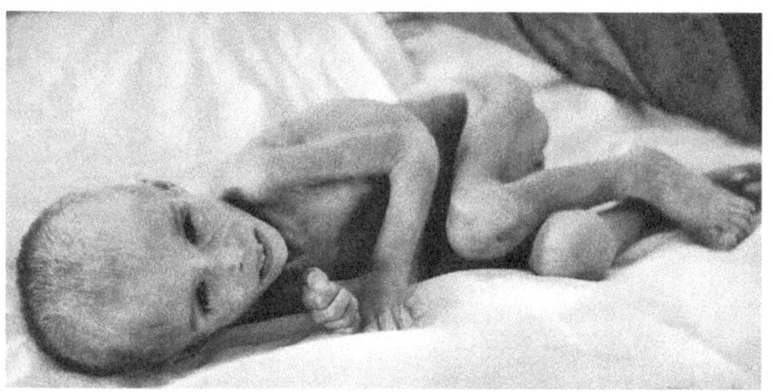

„Du"-Heft vom August 1944 über Kinder im Krieg, auch mit Bildern von beinahe verhungerten Kindern, die vom Schweizerischen Roten Kreuz 1941/42 in Griechenland gerettet worden sind. *(Du Nr. 8, 1944)*

deiner persönlichen Neigungen und Abneigungen. Von allem redet unser Titel." Umgesetzt wurde das Programm unter anderem durch den Beizug der Fotografen Hans Staub, Paul Senn, Jakob Tuggener und Werner Bischof. Im August 1944 lancierte Walter Robert Corti im Monatsheft „Du" einen ersten Aufruf zur Gründung der später als „Pestalozzidorf" bekannt gewordenen Heimstätte für Kinder aus aller Welt. Und im März 1945 veröffentlichte das Heft einen Aufsatz von Hans Mayer „Zur geistigen Lage der Flüchtlinge in der Schweiz"; Kübler leitete sein Vorwort mit dem Motto ein: „Gib dem Manne die Hand – es ist ein Flüchtling."

Das lautere, demonstrative und entsprechend einfachere und sozusagen offizielle Schlüsselwerk der „Geistigen Landesverteidigung" ist die Skulptur, die unter dem Titel „Wehrwille" die anonyme Personifikation der militärischen Landesverteidigung darstellt. Die Popularität dieses Werkes stieg bezeichnenderweise weit über die Bedeutung des übrigen Œuvres dieses – nochmals: bezeichnenderweise – nicht sehr bekannten und anerkannten Plastikers hinaus. Von Hans Brandenberger 1939 für die Landesausstellung als überlebensgroße Statue geschaffen, fand die Skulptur anschließend als Miniatur im ganzen Lande starken Absatz und, von Auslandschweizern gestiftet, 1941 als Duplikat einen bleibenden Platz vor dem Bundesbriefarchiv in Schwyz. Zu dem im Stile des Sozialrealismus gestalteten Mann (Arbeiter und zugleich Bauer), der im Begriff ist, mit heroischem Gestus seinen Uniformrock anzuziehen,

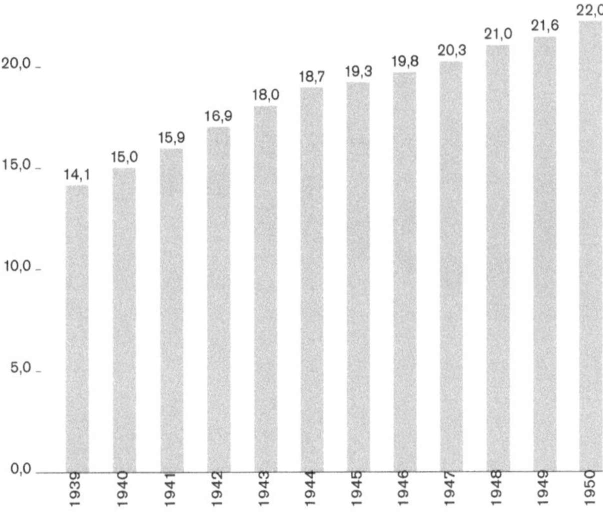

Radiokonzessionen 1939–1950

bemerkte ein zeitgenössischer Kommentator: „Sie wirkt wie von einem unbekannten Soldaten als Denkmal für einen unbekannten Soldaten geschaffen. Die schweizerische Wehrbereitschaft ist darin mit einem eindrücklichen Pathos wiedergegeben ..." (Gotthard Jedlicka)

Radiosendungen

Wie in den sechziger Jahren wurde das Schlachtroß der „Geistigen Landesverteidigung" auch gegen Erscheinungen eingesetzt, die man negativ mit Amerikanismus bezeichnete. Statt wie ein „Girltyp" aufzutreten, sollten sich die Frauen in weiblicher Schlichtheit bescheiden oder sich allenfalls mit einer folkloristischen Tracht schmücken. Statt dekadenter „Neger"-Musik zu verfallen, sollte man die echte Volksmusik pflegen. Mit Teddy Stauffers großem Publikumserfolg an der Landesausstellung 1939 wurde es allerdings schwierig, Jazz als unschweizerische Musik hinzustellen. Jazzfreunde konnten für sich sogar in Anspruch nehmen, mit der Pflege dieser im Dritten Reich unterdrückten Musik ebenfalls einen

Beitrag zur „Geistigen Landesverteidigung“ zu leisten. Und in der französischen Schweiz war der Jazz besonders beliebt, weil er ein Gefühl von großer Welt vermittelte und ein Instrument gegen den deutschschweizerischen Kulturimperialismus der „jodels“ und der „musique champêtre“ (Ländlermusik) war. 1942 forderte aber der schweizerische Bauernverband in einer Eingabe, Jazz im Radio erst auszustrahlen, wenn die Bauern schon zu Bett gegangen seien.

Das Radio hat viel zur Festigung des nationalen Sonderfallbewußtseins beigetragen. 1931 war aus den verschiedenen Radiogenossenschaften die Schweizerische Rundspruchgesellschaft (SRG) entstanden. Die Konzessionsdichte war freilich höchst unterschiedlich, bewegte sich 1934 zwischen 17,22% in Zürich und 0,64% im Oberwallis. Die drei Landessender Sottens, Beromünster und Monte Ceneri verbürgten eidgenössische Qualität und stifteten schweizerische Identität. Kontradiktorische Sendungen über politische Fragen wurden explizit ausgeschlossen. Mit der Mobilmachung von 1939 setzten Bundesrat und General das Radio gezielt als Informationsinstrument ein, der Nachrichtenteil wurde ausgebaut, Wehrmänner-Sendungen wurden ausgestrahlt, 1940 setzte die international stark beachtete wöchentliche Radiosendung „Weltchronik“ von Jean Rodolphe von Salis ein.

Filmschaffen

Im Film wurde ein verklärtes Bild der Grenzbesetzung von 1914 bis 1918 vermittelt, 1938 mit dem „Füsilier Wipf“ (Regie: Leopold Lindtberg), 1941 mit „Gilberte de Courgenay“ (Regie: Franz Schnyder). Es wurde auch tiefer in die Schweizer Geschichte zurückgegriffen, zum Beispiel mit der Verfilmung von Gottfried Kellers Novelle „Die mißbrauchten Liebesbriefe“ oder mit „Landammann Stauffacher“ (1940 und 1941, Regie in beiden Produktionen Leopold Lindtberg). Lazar Wechslers Praesens Filmgesellschaft produzierte, wiederum mit Lindtberg, aber auch Filme zum leidvollen Gegenwartsgeschehen: 1943 eine heute etwas kitschig wirkende Geschichte über das französische Flüchtlingskind „Marie-Louise“, 1944 eine die Haltung der Schweiz zum Teil beschönigende Geschichte über einen Fluchtversuch in die Schweiz „Die letzte Chance“. Diese Filme und diese Produktivität belegen die Bereicherung, welche die Schweiz durch Emigranten erfahren hat.

Wechsler war russisch-polnischer, Lindtberg österreichischer Herkunft. Gegen Wechsler meldete der Chef des militärischen Nachrichtendienstes Vorbehalte an: Es handle sich um einen „ausländischen Juden“, und dieser sei „moralisch nicht qualifiziert“, ein Werk zu betreuen, das sich in den Dienst der „Geistigen Landesverteidigung“ stelle.

Filmerfolg, November 1945 in New York:

„Die New Yorker Zeitungen überbieten sich mit Komplimenten. Berühmtheiten wie der Schriftsteller Sinclair Lewis, der Dramatiker Ben Hecht, Kardinal Spellmann, Alfred Hitchcock („Talk about suspense. This has it!“) loben den Film in den höchsten Tönen. General McLure verlangt den Ankauf für die amerikanischen Besetzungszonen in Deutschland und Österreich; die Einnahmen aus dem früheren Reich würden an die Überlebenden der KZ gehen. Schließlich gewinnt am Jahresende „The Last Chance“ den großen Preis der New Yorker Kritik und den Golden Globe der Hollywood Foreign Correspondance Association. Die „New York Times“ nimmt ihn in die Liste der zehn besten Filme von 1945 auf.“

Die Filmschaffenden mußten sich verschiedene Eingriffe der Zensur gefallen lassen. Der Film „Der 8. Schwyzer“ von Oskar Wälterlin, der sich – ein Thema der Landesausstellung von 1939 aufgreifend – mit der Einstellung zu Ehen mit Ausländerinnen („deutschen Mädels“) auseinandersetzte, wurde 1940 verboten, weil er fremdenfeindliche Haltungen fördere, welche den schweizerischen Interessen abträglich seien. Andere Filme wurden zensuriert, weil befürchtet wurde, der Humor würde das Ansehen der Schweizer Armee beeinträchtigen.

Beiträge von Emigranten

Drohte auf der einen Seite infolge der Konzentration auf das Vaterländische eine thematische Verarmung, brachte auf der anderen Seite der Zustrom von Emigranten und die Exklusivität der freiheitlichen Insellage auch eine Bereicherung. Zahlreiche Emigranten fanden in der Schweiz für kürzere oder längere Zeit Unterkunft: aus dem Bereich der Literatur und Wissenschaft etwa Ernst Bloch, Bert Brecht, Alfred Döblin, Luigi Einaudi, Ignazio Silone, Arthur

„Die letzte Chance“ 1945, Uraufführung am Broadway. *(Praesens Film)*

Koestler, Wolfgang Langhoff, Thomas Mann, Robert Musil, Jacques Pirenne, Erich Maria Remarque, Kurt Tucholsky, Carl Zuckmayer u.a.m.; aus dem Bereich der schönen Künste schon früh Ernst Ludwig Kirchner, Paul Klee, Oskar Kokoschka, Richard Ölze, Hans Purrmann; aus dem Bereich der Musik Béla Bartók, Paul Hindemith und Bruno Walter.

Viele zogen weiter, suchten bessere Entfaltungsmöglichkeiten oder die größere Sicherheit jenseits des Atlantiks. Für Bartók, der im Herbst 1940 nach Amerika auswanderte, wären gute Voraussetzungen zur Weiterführung seines Schaffens in der Schweiz gegeben gewesen. Er war jedoch – wie viele andere – überzeugt, daß Europa verloren sei und auch die Schweiz ihre Freiheit und Unabhängigkeit verlieren werde. Wie die Schweiz vor dem Krieg erste Station vieler Auswanderer war, wurde sie nach Kriegsende erste Station für Rückwanderer. So hielt sich Brecht nach siebenjährigem Exil in den USA wiederum in der Schweiz auf, als er auf die Einreiseerlaubnis nach Deutschland wartete. Die klassischen drei Phasen finden sich auch in Hindemiths Lebenslauf: 1937–1939 Schweiz, 1940–1947 USA, 1951–1957 Schweiz.

Die Schweiz erfuhr auch eine Bereicherung durch die Rückwanderung von im Ausland tätigen Künstlern und Wissenschaftern schweizerischer Herkunft und durch die Rückkehr von Aus-

Soldaten besuchen in geschlossener Formation eine Theateraufführung der Zürcher Pfauenbühne. *(Stadtarchiv Zürich)*

ländern, die früher in der Schweiz tätig gewesen waren. Zur letzteren Gruppe gehörte beispielsweise der österreichische Dirigent und Komponist Felix Weingartner. Zur ersteren Gruppe sind zu zählen: der Dramaturg Oskar Wälterlin, der Maler Alberto Giacometti, der Romanist Albert Béguin, der Theologe Karl Barth und manche andere.

Die Schweiz erlebte eine Intensivierung des kulturellen Lebens. Manuskripte, die in normalen Zeiten von ausländischen Verlagen publiziert worden wären, fanden ihren Weg in die Schweiz und konnten sich von hier aus entfalten. Insbesondere Emil Oprecht, Verleger in Zürich, stellte verfemten und verfolgten Schriftstellern seinen Verlag zur Verfügung; hier kamen Hermann Rauschnings „Gespräche mit Hitler", Willy Brandts „Krieg in Norwegen", E.N. van Kleffens „Einfall in die Niederlande" heraus. Wolfgang Langhoffs KZ-Bericht „Die Moorsoldaten" wurde schon 1935 im Verlag mit dem sinnigen Namen „Schweizer Spiegel" herausgegeben. Rudolf Rößler veröffentlichte in Luzern Walter Benjamins „Deutsche Menschen" unter dem Pseudonym Detlef Holz). Da im Dritten Reich für Veröffentlichungen von Hermann Hesse kein Papier bewilligt wurde, mußten seine Bücher von 1942 an in Zürich erscheinen. Ein Refugium für französische Schriftsteller war die nach Frankreichs Niederlage in der Schweiz gegründete Zeitschrift „Traits". Für das Verlagswesen erwiesen sich diese Jahre als kulturelle Sternstunde. In den Vorkriegsjahren hatte der Schweizerische Schriftstellerverein zum Schutze des „einheimischen Schaffens" allerdings eine energische Fernhaltepolitik betrieben. Im August 1937 beklagte sich das Vereinssekretariat bei der Eidg. Fremdenpolizei darüber, daß geflüchtete Schriftsteller unter Pseudonymen veröffentlichen würden: „Es hat etwas Stoßendes, wenn sich diese Herren, wie das leider sehr häufig vorkommt, möglichst schweizerisch klingende Namen beilegen, um das Publikum über ihre Herkunft zu täuschen. Wenn Emigranten schon bei uns publizieren dürfen, dann sollen sie auch als Ausländer erkenntlich sein."

Die Abgrenzung der deutschen Schweiz war aber nicht derart konsequent, wie man sie nach 1945 gerne darstellt. Die Literaturprofessorin Ursula Amrein stellte im Zusammenhang mit dem Bericht über das deutsche Außenministerium fest, daß sich maßgebliche Repräsentanten der schweizerischen Bildungselite um Anerkennung im Dritten Reich bemühten und sich auch instrumentalisieren ließen (NZZ vom 10. Nov. 2010). Die jüngst publizierte Arbeit über das deutsche Außenministerium in den Jahren 1933–1945 (von Norbert Frei u.a.) zeigte übrigens, daß die deutsche Gesandtschaft in Bern die deutsche Diplomatie der NS-Politik stärker mittrug, als nachträglich zugegeben wurde. So sprach sich Botschafter Ernst von Weizsäcker im Mai 1936 für Thomas Manns Ausbürgerung aus.

Während mehrerer Jahre gab es außer in der Schweiz keine deutschsprachigen Bühnen, die nicht der nationalsozialistischen Repression ausgesetzt waren. Schauspiele beispielsweise von Brecht und musikalische Werke beispielsweise von Hindemith, Bartók, Schönberg, Alban Berg, aber auch von Mendelssohn-Bartholdy wurden damals in der Schweiz entweder zum ersten Mal oder – was ebenfalls wichtig war – weiterhin aufgeführt. Es war wichtig, daß verfolgte Kultur und verfemter Geist laut oder leise, militant oder genügsam weiterleben konnte. John Steinbecks Stück „Der Mond ging unter", das vom norwegischen Widerstand gegen die deutsche Okkupation handelt, erlebte 1943 seine deutschsprachige Erstaufführung in Basel und beherrschte längere Zeit die Spielpläne schweizerischer Bühnen. Das Zürcher Schauspielhaus erlebte wohl die bedeutendsten Jahre seiner Geschichte, dies auch dank hervorragender Schauspieler und Schauspielerinnen (Therese Giehse, Wolfgang Langhoff u.a.), die vorübergehend im schweizerischen Exil lebten.

Kulturgüter

Kurz vor Kriegsausbruch, im Juni 1939, veranstaltete die Luzerner Galerie Fischer eine weltweit beachtete Auktion mit „Entarteter Kunst“. Es handelt sich um Werke aus deutschen Museen, die von Nazi-Behörden aus finanziellen Interessen und propagandistischen Motiven veräußert wurden. Das Basler Kunstmuseum erwarb bei dieser Gelegenheit eine größere Zahl von Bildern. Georg Schmid, der Direktor, verstand jedes übernommene Bild wie einen „geretteten Emigranten“ und fühlte sich verpflichtet, verfemte Kunst wie die deutschen Expressionisten, aber auch Chagall, im eigenen Kulturraum weiterhin allgemein zugänglich zu halten. Es ging auch darum, dafür zu sorgen, daß nicht alles nach Amerika abwanderte.

Dies war der spektakulärste, aber bei weitem nicht der einzige Kulturgütertransfer. Die Schweiz funktionierte als Drehscheibe für legale wie illegale Geschäfte, in der häufigsten Variante für Objekte, die aus einer Notlage die Besitzer wechselten. Eine wichtige Rolle spielten nach der Schweiz emigrierte, zum Teil auch jüdische Kunsthändler. Ein Teil der Bilder ging als offizielle Legate in schweizerische Museen, ein anderer Teil verschwand auch in die Tresors von Banken und Magazine von Freilagern. Der größte Teil ging wohl nach Übersee. Es ging aber nicht nur um Bilder, sondern auch um Kulturgüter jeglicher Art: Bücher, Briefmarken, Musiknoten, Porzellan, Möbel, Schmuck, Schallplatten u. a. m. Heute versucht man, mit lückenlosen *pedigrees* festzustellen, ob es in den Lebensläufen von Objekten bestimmte Momente unrechtmäßigen Besitzes gab.

XIII.
Der Aufbruch in die Nachkriegszeit

Eine erste Nachkriegsdiskussion war im Sommer 1940 geführt worden; sie galt der Annahme, für längere Zeit unter einer nationalsozialistischen Hegemonie leben zu müssen. Schon im Laufe des Jahres 1942 setzte dann die zweite Nachkriegsdebatte ein; zunächst ohne klaren Zeithorizont, aber in der Gewißheit, daß die Alliierten die Sieger sein werden. Im „Wahljahr“ 1943 nahm die Debatte um die Nachkriegsordnung selbstverständlich einen wichtigen Platz ein. Den Aufbruch in die Nachkriegszeit können wir in verschiedenen Bereichen ausmachen. Im institutionellen Bereich ist es vor allem die Schaffung einer speziellen Sektion im Eidg. Politischen Departement (EPD) im Herbst 1942, die sich mit den ausländischen Nachkriegsplänen befassen mußte. Im gesellschaftlichen Bereich sind es Phänomene wie 1943 Ernst Nobs' Schrift „Helvetische Erneuerung“, die Gründung des „Club 44“ in La Chaux-de-Fonds oder, ebenfalls 1944, der Aufruf, der 1946 zur Gründung des internationalen Pestalozzi-Kinderdorfes in Trogen führen sollte. Als weiteres Werk von Dauer kam in der Aufbruchzeit von 1946 die von Radioredaktoren der französischen Schweiz gegründete „Glückskette“, die auch heute noch Spenden in zweistelliger Millionen-Höhe für internationale Hilfsaktionen zu mobilisieren vermag.

Schon im November 1943, zu einer Zeit also, da nur gerade eine bescheidene Tagesverbindung mit Stuttgart bestand, hatte sich ein breit abgestütztes Komitee aus Politik, Wirtschaft und Tourismus zum Bau eines schließlich im Mai 1946 in einer Volksabstimmung gutgeheißenen Großverkehrsflugplatzes Zürich-Kloten gebildet. Und zur Jahreswende 1943/44 versprach Bundesrat Stampfli in seiner Neujahrsansprache, die Arbeiten zur Schaffung der AHV aufzunehmen.

Bei Kriegsende gab es in der Schweiz das Bewußtsein, daß man vom Schicksal begünstigt worden und darum zur tatkräftigen Solidarität mit dem vom Krieg zerstörten Europa verpflichtet sei. Von Seiten der Wirtschaft dazu angeregt, lancierte der Bundesrat im Dezember 1944 die „Schweizerspende an die Kriegsgeschädigten“, ein kombiniertes Unternehmen, in dem einerseits Bundesgelder,

Die im Dezember 1944 lancierte Aktion „Kriegsspende an die Kriegsgeschädigten“ erreicht die Herzen und das gesteckte Ziel. *(Theo Frey © Fotostiftung Schweiz/Keystone)*

andererseits aber auch Beiträge von Kantonen und Gemeinden sowie private Spendengelder zusammenkamen und von einem regierungsunabhängigen Gremium verteilt wurden. Der Bundesrat erklärte, die Solidarität nehme – nach der Landesverteidigung – den ersten Platz ein, sie bedeute im übrigen keine neue Dimension, die Besonderheit bestehe vielmehr darin, daß die Hilfsbedürftigkeit des Auslandes noch nie so groß gewesen und daß es zudem angemessen sei, ein Zeichen des Dankes dafür zu setzen, daß man vom Krieg verschont geblieben sei.

Bei der Ankündigung mußte aber doch auch betont werden, daß die Einheimischen weder vergessen worden seien, noch inskünftig unter diesem Engagement zu leiden hätten. AHV und Familienschutz seien gesicherte Daueraufgaben, die „Schweizer Spende“ sei dagegen eine einmalige Aktion. Zur Notlinderung im Inland seien von Bund, Kantonen und privaten Hilfsorganisationen in den letzten 20 Jahren ebenfalls gegen 100 Mio. Franken ausgegeben worden, und im Vorjahr hätten 200000 bis 300000 Personen Produkte zu herabgesetzten Preisen im Werte von Millionenbeträgen bezogen.

Bis zum Sommer 1946 kamen durch die Sammelaktion etwa 47 Mio. Franken (2010: 236,4 Mio. Franken) zusammen, der Bund

Bundesrat und General an der Fahnenehrung vom 19. August 1945 (*Keystone Press*).

Markus Feldmann, Ende 1951 zum Bundesrat gewählt, schrieb am 26. Mai 1945 in sein Tagebuch, er sei nicht mehr bereit, „die Mythenbildung um den General mitzumachen, welche ihn als Retter des Vaterlandes aus den schwachen Händen des Bundesrates verherrliche. Dieser Mythos ist eine glatte Geschichtsfälschung."

steuerte bis 1948 insgesamt 153 Mio. Franken bei. Beim Eintreiben der Spendengelder war auch ein wenig das föderalistische Wettbewerbsprinzip im Spiel: Zürich, Basel, Schaffhausen und Glarus standen am Anfang der die Bevölkerungszahl mit verrechnenden Rangliste. Die Sammelaktion sollte an sich frei sein von Aufspaltung nach Zuneigungen. Trotzdem konnte man bestimmen, in welcher Richtung die Hilfe gehen sollte. Die meisten der derart gebundenen Mittel gingen nach Holland (7,7 Mio.), nach Frankreich (1,6 Mio.), nach Belgien (0,8 Mio.) und nach Norwegen (0,7 Mio.).

Ganz aus sich selber heraus war die große Solidaritätsaktion von 1944 nicht entwickelt worden. Es ging vielmehr darum, im Gleichschritt mit Hilfsaktionen der von der Siegerpartei ins Leben gerufenen UNRRA, ja sogar teilweise auf diese abgestimmt, Wiederaufbauhilfe zu leisten – und, wie man beifügen muß, die außenpolitische Isolation abzubauen, in der sich die Schweiz wegen ihrer kriegsbedingten Verstrickung mit den besiegten Mächten befand.

Am Landsgemeindesonntag vom April 1946 Grundsteinlegung des Pestalozzi-Kinderdorfes in Trogen. *(Pestalozzi-Kinderdorf)*

Allzu große Mühe hatte die Schweiz mit ihrer isolierten Lage freilich nicht. Beinahe etwas trotzig verharrte sie auch unter den neuen Bedingungen in der Sondersituation, in der sie sich – unter anderen Vorzeichen – zuvor befunden hatte. Die Polarisierung des Kalten Krieges mit dem entsprechenden Bedürfnis nach Verbrüderung im „Westen" und Abgrenzung gegen „Osten" ersparte auch der schweizerischen Gesellschaft eine kritische Sichtung der vergangenen Jahre.

Zum Aufbruch gehörte das Auftauchen neuer Touristen: In der Zeit zwischen Juli 1945 und März 1949 weilten über 300000 uniformierte, aber unbewaffnete Angehörige der amerikanischen Armeen aus Deutschland und Italien zu jeweils einwöchigen, in Gruppen absolvierten Erholungsurlauben in der Schweiz. Noch vor der Invasion in der Normandie hatte der Schweizerische Hotelierverein im Frühjahr 1944 diese schließlich vom Militärdepartement übernommene Aktion zur Wiederbelebung des Tourismus angeregt. In einer Willkommensbroschüre mit den nötigen Reisetipps drückten die Gastgeber auch ihre Dankbarkeit für den Kriegseinsatz aus. Der lokale Prospekt der Stadt Luzern machte auf Bar- und Dancingbetriebe aufmerksam und erklärte: „Our Swiss girls will find it simply grand to dance with you." Die Stadtbehörden lockerten sogar das in der Advents- und Fastenzeit geltende Tanzverbot. Die Gäste wurden im allgemeinen mit offenen Armen empfangen. Klagen gab es jedoch, weil manche G.I.s die Verkehrsregeln nicht beachteten und zum Beispiel mit ihren Fahrrädern auch die Gehsteige benutzten. Kinder belagerten die Soldaten wegen der Kaugummi und wurden im Schulblatt getadelt, weil die Gäste bei diesem Verhalten die Schweizer als Bettler in Erinnerung behalten würden. Man solle den unbekannten Soldaten vielmehr stumm dafür danken, „daß er mit Einsatz seines Lebens mitgeholfen hat, auch uns vor der Furcht der verflossenen Jahre zu befreien". Im ersten Jahr verzeichneten die Luzerner Hotels 194000 Logiernächte und Einnahmen von 3,2 Mio. Franken. Die vereinbarte Entschädigung deckte zwar nur die Selbstkosten. Man ging aber davon aus, daß dies eine rentable Investition in die Zukunft sei.

Vor der Alternative der Preisgabe der Neutralität oder dem Fernbleiben von der UNO entschied sich der auch in diesem Punkt von einer starken Bevölkerungsmehrheit getragene Bundesrat 1945 für das Fernbleiben. Das Arrangement von Washington vom Mai 1946 ebnete zwar den Weg für den Anschluß an den Westen, es kam aber nur auf Grund massiven Drucks von Seiten der Westmächte zustande. Über die OEEC-Mitgliedschaft gelang 1947/48 bemerkenswert reibungslos die wirtschaftliche Partizipation am neuen Multilateralismus ohne souveränitätsbeschränkende Integration.

„Wir sind durch unsere Neutralität (...) eben doch weitgehend aus dem lebendigen Geschehen der letzten fünf Jahre herausgekapselt worden. Wir leben wie unter einer Glasglocke. (...) Aber das Rad der Geschichte dreht sich weiter. (...) Wer im Krieg zu Boden geworfen worden ist, der kann wiedererstehen, das beweist das Beispiel Frankreichs, wer aber den Anschluß an die Welt von morgen nicht findet, der muß innerlich verdorren und verkümmern.“ (Chefredaktor Karl von Schumacher, in „Weltwoche“ vom 3. November 1945).

XIV.
Der Preis der Zeit

Das Kriegsende brachte große Erleichterung. Auch in der Schweiz tanzte man auf den Straßen und hielt Dankgottesdienste ab. Der Belagerungszustand hatte endlich ein Ende. Reichsangehörige und ihre Geschäfte (auch deren Schaufenster) bekamen die aufgestaute Wut zu spüren. Mit einigen wenigen Leuten, die sich offen und direkt mit den Achsenmächten eingelassen, die politisch kooperiert und/oder sich als Freiwillige sogar militärisch engagiert hatten, wurde abgerechnet. Auch die berüchtigten „Zweihundert", die im Herbst 1940 mit einem diskreten Manifest die prekäre Lage zu nutzen versucht hatten, um ein autoritäres Regime einzuführen, erhielten 1945/46 die politische Quittung für ihren Verstoß gegen den helvetischen Burgfrieden.

Trotzdem gestattete sich die Schweiz eine bemerkenswerte Kontinuität. Dies könnte es ihr etwas schwerer gemacht haben, gegenüber der „Zeit der Bewahrung und Bewährung" eine kritische Haltung zu entwickeln, wie umgekehrt das schwache Bedürfnis nach selbstkritischer Analyse die Kontinuitätspflege erleichterte.

Der 1945 immerhin bereits 71jährige General blieb in den folgenden Jahren in der Öffentlichkeit präsent als verehrte Vatergestalt und Symbol der gemeinsamen Widerstandsleistung. Der Epochenwechsel brachte, wenn wir von Bundesrat Pilets Demission im November 1944 absehen, nicht wie in anderen Ländern zugleich einen Regimewechsel. Eindrücklichstes Beispiel für die personelle Kontinuität ist der nach dem Frontenfrühling 1934 in den Bundesrat gewählte Philipp Etter, Bundespräsident nicht nur der „Landi 39", sondern auch der Jahre 1942, 1947 und 1953. Einige der in den Vorkriegsjahren und 1940 eingenommenen Haltungen hätten nach 1945 eigentlich als „Altlast" empfunden werden müssen. Auch der seit 1919 mit der Leitung der Fremdenpolizei betraute und an der restriktiven Flüchtlingspolitik maßgeblich beteiligte Heinrich Rothmund wurde 1945 nicht in die Wüste, sondern nur an eine andere Stelle nach Genf geschickt. Er trat erst 1955 mit 66 Jahren altershalber zurück, kaum angefochten durch die Veröffentlichung kompromittierender Dokumente im Jahr 1954. Damals und auch noch 1957 beim Erscheinen des „Ludwig-Berichts" herrschte noch die Meinung vor, in der Flüchtlingspolitik nicht versagt, sondern ganz im Gegenteil die Selbstverpflichtung der humanitären Tradition sehr wohl und sozusagen vollumfänglich eingelöst zu haben.

Die Schweiz war – mit den Worten des 1944 in der Schweiz erstmals aufgeführten Theaterstücks des amerikanischen Schriftstellers Thornton Wilder ausgedrückt – nochmals davongekommen. In der gleichen Zeit hatten Millionen von Menschen nicht einmal ihr nacktes Leben retten können. Die schweizerische Bevölkerung war sich bei Kriegsende mehrheitlich bewußt, daß ein „gütiges Schicksal" ihr manches Leid erspart hat. Die etwas selbstgerecht wirkenden Deutungen, wonach die Schweiz ihre Unversehrtheit in allererster Linie ihrer militärischen Verteidigungsbereitschaft zu verdanken hätte, stammen aus späterer Zeit und hatten eher Programmcharakter für die Dissuasionspolitik in der Ära des Kalten Krieges.

In der Politik hielt die 1943 eingetretene gesellschaftliche Aufbruchdynamik noch etwas an (bis 1947/48). Die zwei sich etwas konkurrenzierenden Zukunftsvorstellungen griffen allerdings beide auf die Vergangenheit zurück: Die einen wollten die Normalität der Jahre vor 1939 wiedergewinnen, die anderen wollten die in den dreißiger Jahren nicht realisierten Reformprojekte (staatliche Wirtschaftsförderung und Sozialpolitik) wieder anschieben und zu Ende bringen.

Die „Aktivdienstgeneration" hatte einen Tribut an Lebenszeit entrichten müssen, wie er insbesondere den nachfolgenden Generationen nicht abverlangt wurde. Ein Teil der damals jüngeren Leute bezahlte den von den besonderen Umständen abverlangten Preis mit Einschränkungen der Ausbildung, der Auslandkontakte, des Familienlebens u.a.m. „Verlorene Jahre" waren dies deswegen aber nicht. Zuweilen bekommt man sogar zu hören, daß diese Jahre mehr als andere Lebenssinn gestiftet hätten.

Auf die Frage, ob man damals nicht Angst gehabt habe, erklärte Otto Steiger, Nachrichtensprecher der Schweizerischen Depeschenagentur in den Jahren 1939–1943, es sei vielmehr ein Gefühl gewesen, nur vorläufig und auf Abruf zu leben, als Mensch ein winzig kleines Wesen zu sein, das leicht ausgelöscht werden könne, ein Gefühl der Unsicherheit. Er möchte aber um keinen Preis, daß er es nicht erlebt hätte.

Mai 1945: Der Krieg ist vorbei, man war noch einmal davongekommen ...
(Armee-Bilderdienst, Bundesarchiv, Bern)

„Was war denn dieses Gefühl der Bedrängnis, der Unsicherheit, das man immer in sich trug? Man sprach mit niemandem darüber. Vielleicht fehlten einfach die Worte, um auszudrücken, was man fühlte. Oft, wenn ich am Morgen erwachte, fiel mir als erstes ein: Wenn ich jetzt auf die Straße trete, steht vielleicht der Krieg vor der Tür. So erging es nämlich meinem Bruder, der damals in einer Kleinstadt in Frankreich lebte. Als er eines Morgens die Fensterläden hochzog, regelte auf dem Platz unten ein deutscher Soldat den Verkehr, wo am Abend zuvor noch ein französischer Poli-

zist gestanden hatte.“ (Otto Steiger in der Basler Zeitung vom 23. Januar 1990)

Zu dem, was Frauen an Extraleistungen erbracht haben, und zu den damit verbundenen Einschränkungen und Verzichten liegen keine Ziffern vor. Die Militärdiensttage ließen sich leichter errechnen. Über 2 Jahre an durchschnittlicher Dienstzeit hatten die damals Wehrpflichtigen drangegeben, genauer 828 Tage bei der Infanterie, 700 bis 750 Tage bei den übrigen Kampftruppen. Das war nicht nichts, ist aber gewiß weder hinsichtlich der Dauer noch der Gefährlichkeit mit Dienstleistungen Angehöriger anderer Armeen vergleichbar.

Die Gesamtzahl der weltweit im großen Krieg gefallenen Soldaten wird auf 36 Millionen geschätzt. In der Schweiz verloren 1939–1945 insgesamt 4050 Wehrmänner das Leben, die größte Gruppe bildeten die 2759 Todesfälle infolge von Krankheit, die zweitgrößte Gruppe die 968 Todesfälle infolge von Unfällen; drei Schweizer Wehrmänner der Luftwaffe sind im Kampf, das heißt bei der Verteidigung des neutralen Luftraumes, gefallen.

Die Gesamtkosten des aktiven Dienstes 1939–1945 werden mit 8,2 Mia. Franken (2010: 41,2 Mia. Franken) beziffert. Davon entfielen 4,3 Mia. Franken auf die eigentlichen Dienstkosten, 2,4 Mia. Franken auf die materielle Verstärkung der Armee und 1,5 Mia. Franken auf die Kriegswirtschaft und auf soziale Maßnahmen.

Solche Zahlen besagen wenig. Sie können insbesondere nicht mit den (uns unbekannten) analogen Zahlen der Aufwendungen anderer Staaten verglichen werden. Sie zeigen jedoch, daß die Schweiz in diesen Jahren nicht einfach die Stellung eines bequemen Parasiten hatte. Die zentrale und einzig maßgebliche Frage ist, ob ein Land in den schweren Zeiten das Mögliche und Zumutbare getan hat.

Der britische Kriegspremier Winston Churchill hat bekanntlich die kollektive Leistung der Schweiz explizit anerkannt und gewürdigt. In seiner Erklärung ging es allerdings auch darum, gegen das negative Urteil anzutreten, das Marschall Josef Stalin über die Schweiz abgegeben hatte.

„Of all the neutrals Switzerland has the greatest right to distinction. She has been the sole international force linking the hideously sundered nations and ourselves. What does it matter whether she

has been able to give us the commercial advantages we desire or has given too many to the Germans, to keep herself alive? She has been a democratic State, standing for freedom in self-defence among her montains, and in thought, in spite of race, largely on our side. – I was astonished at U.J.'s savageness against her, and, much though I respect that great and good man, I was entirely uninfluenced by his attitude. He called them „swine", and he does not use that sort of language without meaning it. I am sure we ought to stand by Switzerland, and we ought to explain to U.J. why it is we do so. The moment for spending such a message should be carefully chosen. ..." (Winston S. Churchill, The Second World War. Triumph and Tragedy. Appendix. Ed. Boston 1953, S. 712)

Dieser Disput war bereits vom Gegensatz des Kalten Krieges geprägt. Churchills Urteil, heute als „Persilschein" geschätzt, nimmt uns die Aufgabe nicht ab, ein eigenes Urteil zu entwickeln.

Die vorausgegangenen Ausführungen haben (ohne Beweisführungsabsicht) gezeigt, daß der Krieg der Schweiz große Anstrengungen abverlangt hat. Diese Anstrengungen sind natürlich im eigenen Interesse unternommen worden. Bisher dominierte die bereits in den Kriegsjahren bestehende Meinung, daß die Schweiz damit zugleich auch dem allgemeinen Interesse gedient habe; gezwungenermaßen gewiß auch den Interessen der Achsenmächte, objektiv und von der Schweiz nach Möglichkeit gefördert aber auch den Westmächten. Die bescheidenste Einschätzung ging davon aus, daß die Schweiz mit einer stärkeren Parteinahme für die Westmächte nur sich selber gefährdet, der guten Sache der Alliierten aber nicht wirklich genützt hätte.

„Die Schweiz hat sich nicht bereichert, sie hat nach marktwirtschaftlichen Kriterien Handel betrieben. Das Schweizer Volkseinkommen hat während des Krieges nur marginal – weniger als ein Prozent pro Jahr – zugenommen." (Paul J. Jolles, ehem. Wirtschaftsdiplomat, in: Schweizer Revue 4/97).

In der undifferenziertesten Form wird der Schweiz vorgeworfen, sie habe sich aus dem Krieg herausgehalten, damit sie vom Krieg maximal profitieren könne. Sollte die Schweiz im ganzen vom Krieg profitiert haben, muß dies aber nicht heißen, daß dies auch von

Anfang an verhaltensbestimmend gewesen ist. Die Haltung war vielmehr von ihrer Lage, ihrer Größe und – ein wenig – auch von ihrer Tradition bestimmt.

Die Darstellung der verschiedenen Problemfelder dürfte gezeigt haben, daß die Haltung der Schweiz kaum auf einen Punkt gebracht werden kann und die Verhältnisse, wie man so sagt, vielschichtig und komplex gewesen sind. Die verschiedenen Realitäten – etwa die Goldkäufe der Nationalbank und die Beherbergung eines Kindes aus kriegsgeschädigtem Gebiet, der schikanöse Leiter eines Interniertenlagers und die Bäuerin, die wegen der Dienstpflicht ihres Mannes den Hof alleine führen mußte –, diese Realitätspartikel lassen sich kaum gegeneinander ausspielen und schon gar nicht miteinander verrechnen.

Die heutige Kritik zielt weniger auf die Frage, ob sich die Schweiz als Staat oder Land den Zumutungen der Achsenmächte genug widersetzt habe; sie gilt vielmehr der Frage, ob die Schweiz als Staat oder Gesellschaft bei einzelnen in diesem Land und von diesem Land aus handelnden Akteuren das Verhalten durchgesetzt habe, das gemäß einer bestimmten Ethik hätte erwartet werden dürfen.

Staat und Gesellschaft hätten in diesen schweren Jahren die vielfältige Realität eben doch auf den einen wichtigen Punkt bringen können und bringen müssen: den Punkt der maximalen Solidarität mit derjenigen Kriegspartei, welche, gewiß in Kombination mit je eigenen Interessen, die demokratischen Werte verteidigte und deren Erfolg das Fortbestehen der Schweiz auf demokratischer Grundlage sicherstellte.

Daß sie dies kaum taten, erklärt sich aus dem traditionellen Neutralitäts- und Staatsverständnis. Das Neutralitätsverständnis schränkte die Wahrnehmung der Wirkungen des eigenen Tuns ein, und das Staatsverständnis ließ kaum kollektives Verantwortungsbewußtsein für wirtschaftliche Aktivitäten aufkommen. Der Staat hielt wohl die Pressepublizistik einzelner Zeitungen und das humanitäre Engagement einzelner Flüchtlingshelfer/innen für politisch relevant und darum für regelungsbedürftig, nicht aber die internationalen Implikationen der stark von Privatinteressen bestimmten Aktivitäten einzelner Wirtschaftsakteure.

Es genügt nicht zu sagen, die Zeit müsse aus sich selber verstanden werden. Man darf, man muß sogar Widersprüche und

Inkonsequenzen aufdecken, und sei es nur, um in aller Bescheidenheit die Erkenntnis zu fördern, daß es solche Widersprüche und Inkonsequenzen gab und eben gibt. Doch auch das genügt nicht. Es schadet der internationalen Stellung der Schweiz nicht, wenn sie für sich vor allem in zwei Punkten zu selbstkritischen Erkenntnissen kommt:

1. Ein ideologisch überhöhtes Neutralitätsverständnis kann blind machen für die unvermeidliche Verstrickung, in der sich die Schweiz realiter befunden und mit der sie auch Schuld auf sich geladen hat. Eine positive Folge der schmerzlichen Debatte über die Rolle der Schweiz im Zweiten Weltkrieg könnte darin bestehen, daß sich Schweizer Bürgerinnen und Bürger auch bezüglich Gegenwart und Zukunft der politischen Implikationen der internationalen Interdependenz und der entsprechenden Verpflichtung stärker bewußt werden.
2. Auch ein liberaler Staat muß sich für die politischen Konsequenzen außenwirtschaftlicher Aktivitäten interessieren. Zudem muß sich auch die Gesellschaft der verantwortlichen Bürgerinnen und Bürger für eben diese Aktivitäten und die diesbezügliche Haltung ihres Staates interessieren. Es ist zu Recht wiederholt gesagt worden, daß es keine Kollektivschuld gibt. Andererseits kann man sich auch nicht mit Hinweis auf diese an sich richtige Auffassung von einer gewissen Kollektivverantwortung drücken.

Die Kollektivverantwortung ist primär eine Verantwortung der Zeitgenossenschaft innerhalb der gleichen Zeitumstände. Nimmt man diese nicht wahr – durch Gleichgültigkeit und Beschränkung auf die eigenen Privatinteressen –, wird man mitschuldig an Fehlverhalten und Fehlentwicklungen. Es gibt aber auch eine Verantwortung über die Generationen hinweg. Was Nachgeborene an Gutem und weniger Gutem angetreten haben, ist unteilbar und muß in globo getragen werden. Nachgeborene sind nicht schuld an Fehlern früherer Generationen; sie werden aber schuldig, wenn sie nicht mit allen Konsequenzen die Verantwortung für das im Vorleben ihrer Gesellschaft Geschehene übernehmen.

Die kritische Aufarbeitung der Geschichte der Kriegsjahre setzte schon oder erst in den siebziger Jahren ein. Andere Länder mit und ohne Regimewechsel in den Jahren 1944/45 waren diesbezüglich allerdings auch nicht weiter vorangekommen. Zudem wäre es wahrscheinlich überhaupt verfehlt, eine frühere und schnellere Bearbeitung der wirklich kritischen Punkte zu erwarten.

Die Schweiz stellt sich mehrheitlich dieser Herausforderung und will sich kritisch mit ihrer jüngsten Geschichte auseinandersetzen. Ausdruck der Bereitschaft zur uneingeschränkten Abklärung ist der Beschluß des schweizerischen Parlamentes vom 13. Dezember 1996, eine mit außerordentlichen Vollmachten und einem hohen Forschungskredit ausgestattete unabhängige Expertenkommission zur kritischen Durchleuchtung der Geschichte der Schweiz im Zweiten Weltkrieg einzusetzen. Unabhängig davon haben zahlreiche Institutionen (von den Kirchen über den Gewerkschaftsbund bis zum Verband der Maschinenindustrie) ihrerseits Abklärungsarbeiten in Auftrag gegeben und zum Teil bereits veröffentlicht.

Die Bereitschaft zur unvoreingenommenen Aufarbeitung umstrittener Kapitel der eigenen Geschichte und die Bereitschaft zu selbstkritischen Schlußfolgerungen wappnen die Schweiz gegen ungerechtfertigte und ungerechte Angriffe und gestatten ihr, von anderen zu fordern, daß sie mit ihrer Vergangenheit in ähnlicher Weise kritisch umgehen.

Nachwort

Im Rückblick auf die letzten Jahre bekommt man anschaulich demonstriert, was man theoretisch bereits weiß: Geschichtsschreibung ist in hohem Maß ein Reflex auf momentanes Gesellschaftsinteresse an ganz bestimmten Fragen zur Vergangenheit. Das kann man sogar beim anhaltend großen Interesse an den Vorgängen im Zweiten Weltkrieg feststellen, das in den Jahren 1995–2002 eine zusätzliche Steigerung erfuhr und dann wieder zurückfiel auf das üblich hohe Niveau. Die Hochkonjunktur brachte in der Schweiz die Arbeiten der nach dem Präsidenten benannten „Bergier-Kommission", der offiziellen Expertenkommission zur Erforschung ungeklärter und belastender Fragen der Jahre 1933–1945 sowie zahlreicher komplementärer Publikationen.

Man kann zwei Arten von Interesse an der Geschichte der Schweiz in den Jahren 1933–1945 unterscheiden: das in der Schweiz gepflegte Interesse an der eigenen Vergangenheit und das im Ausland dann und wann entwickelte Interesse an international bedeutenden Vorgängen, die sich in diesem kleinen Land abgespielt haben. Letzteres betraf vor allem die nachrichtendienstliche Tätigkeit und den Transitverkehr zwischen Deutschland und Italien und – nach 1995 – recht plötzlich dann auch die Tätigkeit der Banken.

Von Schweizern für Schweizer vorgelegte Rückblicke haben im Sinne von Rechenschaftsberichten schon 1945 eingesetzt. Neben der dann folgenden kontinuierlichen Produktion von Schriftgut zu diesem Zeitabschnitt gab es, wenn man von der ersten Verarbeitungsphase der Jahre 1945–1948 absieht, 1954 und 1960 von außen auferlegte Phasen intensivierter Auseinandersetzung mit dieser Vergangenheit, als aus ausländischen Beständen Dokumente zu kritisierbaren oder mindestens klärungsbedürftigen Sachverhalten auftauchten. In einer dritten 1995 einsetzenden Welle war die Schweiz erneut gezwungen, sich auf Grund externer Kampagnen mit ihrer Vergangenheit zu befassen. Man sah sich plötzlich einer ganzen Reihe höchst unangenehmer Fragen ausgesetzt.

1989 hatte man in Erinnerung an den Kriegsausbruch 50 Jahre zuvor der militärischen Leistungen der Aktivdienst-Generation gedacht. Als man sich sechs Jahre später dann auch das Kriegsende in Erinnerung rief, da stand eine ganz andere Frage im Vordergrund: die Frage nach der Schuld, die sich die Schweiz in jenen Jahren mit ihrer Flüchtlingspolitik aufgeladen hatte. Der Bundesrat entschuldigte sich für die inhumane Flüchtlingspolitik und tat damit etwas, was je nach Standpunkt fällig oder längst überfällig war. Damals herrschte jedenfalls die Meinung vor, daß ein Kapitel, ein dunkles und trauriges, wie man zu sagen pflegt, abgeschlossen sei – mit einem Eingeständnis zwar, aber ohne weitere Konsequenzen. Was 1995 mit den verschiedenen Erklärungen als Schlußakt gedacht war, erwies sich schon ein Jahr später jedoch eher als Auftakt. Zunächst hatte es zwar so ausgesehen, als ob in den Jahren nach 1989 die Nachkriegszeit und mit ihr der Zweite Weltkrieg defnitiv zu Ende gegangen sei. Es trat jedoch das Gegenteil ein: Die Geschichte dieser Epoche verflüchtigte sich nicht, sondern meldete sich – zum Teil gerade wegen der Verflüchtigungsgefahr – wieder zurück. Das *revival* dieser Zeit hatte aber auch ganz spezifische Gründe: Vertreter jüdischer Interessenorganisationen sorgten mit dem offenbar nötigen Druck dafür, daß die Frage der noch nicht bezahlten Schulden und – damit verbunden – der noch nicht eingestandenen Schuld erneut zu einem Thema wurde, nachdem entsprechende Versuche früherer Zeiten nicht die wünschbaren Ergebnisse gebracht hatten. Sie drängten mit einem erhöhten Verbindlichkeitsanspruch darauf, daß die Erinnerung der Opfer, soweit dies überhaupt möglich ist, in die Erinnerung der Täter und der Zuschauer integriert werden müsse.

Die als Erinnerung auftretenden Vorstellungen von Vergangenheit sind bekanntlich geprägt vom persönlichen Erleben und von der spezifischen Sensibilität der sozialen Gruppen. So waren die in den Jahrzehnten vor 1989 warm und wach gehaltene Vergangenheit und die nach 1989 sich meldende Vergangenheit nicht die gleichen. Im einen Fall handelte es sich um die Vergangenheit und das entsprechende Geschichtsbild der Staatenwelt und der großen Mehrheiten; im anderen Fall um die Vergangenheit und das Geschichtsbild von Individuen und der kleinen Minderheiten, insbesondere der Vernichtungsmaschinerie des Dritten Reichs ausgesetzten jüdischen Minderheit.

Warum, so fragten sich viele, werden die Ansprüche der Verfolgten und ihrer Nachkommen erst jetzt vorgebracht? Solche Ansprü-

Irgendein Güterzug? Oder einer auf der Gotthardstrecke in den Jahren 1939–1945? Mit welchem Inhalt? Nicht alles läßt sich fotografieren und hinterläßt Bilder. Zu den „Nachrichtenlosen Vermögen", die bis gegen Ende der 1990er Jahre in Schweizer Banken schlummerten, gibt es keine Bilder. *(Dok. GK)*

che waren durchaus schon früher angemeldet worden, jetzt entstand aber eine besondere Dynamik aus einem zuvor nicht möglich gewesenen Zusammengehen zwischen Überlebenden des Holocausts, die angesichts des sich nähernden Lebensendes ihr langes Schweigen brachen, und Angehörigen einer jüngeren Generation von Juden, die weniger befangen und zum Teil sich gegenseitig konkurrenzierend die individuellen Wiedergutmachungsansprüche auch im sogenannten „Westen" vorbrachten, nachdem sie nach dem Fall des Eisernen Vorhangs zunächst im ehemaligen „Osten" die Rückgabe von geraubtem jüdischem Besitz reklamiert hatten.

Dabei hat das auf die Schweiz bezogene Abklärungsinteresse in den Jahren ab 1995 eine beträchtliche Ausweitung erfahren: Anfänglich ging es einzig um die „nachrichtenlosen" Vermögen, dann kamen die Goldkäufe hinzu, dann die Nazi-Fluchtgelder, dann die Raubgüter jeglicher Art (vom Ölbild bis zum Wertpapier), dann die Versicherungspolicen, der NS-Transit auf dem schweizerischen Schienennetz, Liegenschaften, arisierte Unternehmen, Zwangsarbeit in schweizerischen Niederlassungen im NS-Machtbereich, der Handel mit Flüchtlingen, die Lebensbedingungen in Flüchtlingslagern, sämtliche Außenwirtschaftskontakte und bei all dem immer die Frage, was man damals hatte wissen können.

Was in der Debatte um diese Themen insbesondere gegen die Schweiz vorgebracht wurde, war schwer vereinbar mit den konkreten Erfahrungen der meisten Angehörigen der Aktivdienst-Generation und mit dem kollektiven Selbstbild der schweizerischen Gesellschaft. Manche der derart Konfrontierten und Schockierten meinten, da sie ihre Vorstellungen nicht aufgeben wollten, die Verursacher der aufgekommenen Bedrängnis – nicht nur wegen ihres Auftretens, sondern auch im Grundsätzlichen – als Agenten des Unfriedens und des Ungebührlichen zurückweisen zu müssen. Die bedrängende Präsenz der Vergangenheit kann jedoch, wie Saul Friedländer in seiner Dankesrede für den Geschwister-Scholl-Preis zu Recht bemerkt hat (Die Zeit vom 26. November 1998), nicht herbeiorganisiert werden, wenn dazu die sachlichen Voraussetzungen nicht gegeben wären. So ist die Rückkehr der Vergangenheit in erster Linie aus ihrer ungenügenden Verarbeitung zu erklären.

Die weiteren Fragen betrafen dann die mannigfaltige Verstrikkung der Schweiz mit dem NS-Regime durch die Käufe von NS-Gold der Schweizerische Nationalbank, durch das Zurückbehalten von nachrichtenlosen Konten von nicht mehr aufgetauchten Holocaust-Opfern, die Auslieferung von Versicherungspolicen an die NS-Schergen, den Handel mit Raubkunst, die Beteiligung an Arisierungen, die Exporte aller Art (auch von Elektrizität) und insbesondere die Waffenlieferungen, die Transporte auf dem Achsentransit, die Rückweisung oder gar Auslieferung von Flüchtlingen. Diese Fragen zwangen die Schweiz, wie man sagt, zu „schmerzhaften" Auseinandersetzungen mit der eigenen Vergangenheit. Wer tut so etwas schon freiwillig! Die Schweiz tat es nur, weil sie einem erheblichen äußeren Druck (insbesondere dem Risiko eines Ausschlusses vom amerikanischen Markt) ausgesetzt war. Aber sie tat es in der ernsthaften Absicht, die Sache gut zu machen.

Im Dezember 1996 bestand vorübergehend ein ungewöhnlicher Konsens in der Meinung, daß man allen diesen Fragen ernsthaft nachgehen sollte: In den Eidgenössischen Räten wurde mit allen zu Null Stimmen die Unabhängige Expertenkommission (UEK) „Schweiz-Zweiter Weltkrieg" geschaffen, und für sie wie in keinem anderen Land ideale Arbeitsbedingungen: mit der Einführung einer umfassenden, auch für den Privatbereich geltenden Offenlegungspflicht (sogar mit temporärer Aufhebung des legendären Bank- und Berufsgeheimnisses) und mit der Bereitstellung eines 22 Mio.-Franken-Kredits. Das war umso bemerkenswerter, als vier der neunköpfigen Kommissionsmitglieder nicht Schweizer waren. So wurde die Schweiz beinahe über Nacht, nachdem man sie im medialen *bashing* zum „Prügelknaben" der Staatengemeinschaft gemacht hatte, schnell wieder zum „Musterknaben". Das sollte auch in den folgenden Jahren so bleiben: Wohin man als Schweizer Historiker kam, man wurde von den Kollegen des Auslands um die vorbildlichen Arbeitsbedingungen beneidet.

Die Einstimmigkeit vom 13. Dezember 1996 täuschte. Die UEK war noch nicht zu ihrer ersten Sitzung zusammengekommen, da gab Nationalrat Christoph Blocher (ein nachmaliges Mitglied der Landesregierung!) als Sprachrohr der rechtsnationalen Kräfte am 1. März 1997 bekannt, daß von der „sogenannten ‚Aufarbeitung'" zumal wegen der jüdischen und linken Kommissionsmitglieder nichts Gutes zu erwarten sei und die eingeleiteten Abklärungen „an der Gesamtheit" des Geschichtsbildes wohl nichts ändern werden.

Dem stand das „Manifest vom 21. Januar 1997" gegenüber, das in der damaligen Krise eine Chance für mehr Demokratie, Gerechtigkeit, Achtung vor dem anderen und für ein freundliches Zusammenleben sah. Der von Kulturschaffenden, Ärzten, Universitätsleuten, aber auch linken Politikern (u.a. der nachmaligen Bundesrätin Micheline Calmy-Rey) unterzeichnete Aufruf sprach in zugriffiger Weise die Erwartung aus, „daß die jüngere Schweizer Geschichte weiter von Entstellungen und Beschönigungen befreit und mit mehr Wahrhaftigkeit neu geschrieben wird". Gewiß ging es hier nicht nur um ein spontanes Reagieren auf die gerade eingetretene Situation – man witterte eine günstige Gelegenheit für eine längst als fällig erachtete Korrektur.

Zwei Welten, ein Land: auf der einen Seite der Anführer und Eintreiber Blocher, auf der anderen Calmy-Rey ohne Führungsrolle, nur als ein solidarisches Mitglied von vielen anderen. Beide verkörperten entgegengesetzte Grundüberzeugungen, mit Verschiedenheiten wie wenn sie auf verschiedenen Planeten zu Hause wäre, obwohl sie im gleichen kleinen Land lebten und meinten, mit ihren je eigenen Engagements diesem Land Gutes zu tun.

In dieser Sache wie in anderen Dingen war (und ist) die Schweiz durch gleichlaufende, sich wechselseitig verstärkende Konfliktlinien tief gespalten: hier die reaktionären Traditionalisten, egozentrischen Nationalisten, EU-Gegner und Staatsabbauer; dort die prospektiven Reformer, patriotischen Weltbürger, EU-Befürworter und Verteidiger der sozialen Staatsfunktionen.

Zunächst schien die reformerische, für Abkehr vom engstirnigen Nationaldenken und für mehr internationale Solidarität eintretende Seite an Boden zu gewinnen. Im März 1997 präsentierte der Bundesrat das Projekt, aus Goldreserven der Schweizerischen Nationalbank eine weltweit tätige *Solidaritäts-Stiftung* mit einem Kapital von 7 Mia. Franken und einer jährlichen Ausschüttung von 350 Mio. Franken zu schaffen. Nach fünfjährigem Disput wurde dieses großzügige Projekt im Herbst 2002 in einer Volksabstimmung abgelehnt, obwohl in der Schlußvorlage, um den herrschenden Vorbehalten entgegentreten zu können, die internationale Solidarität nur noch ein Drittel ausmachte und die beiden anderen Drittel der eigenen Altersversicherung und den ebenfalls eigenen Kassen der Kantone (Länder) hätten zugute kommen sollen.

Wie groß die Verteidiger der alten Sichtweise trotz der vorübergehenden Erschütterung war, zeigte der folgenden Vorfall: Bundespräsident Jean-Pascal Delamuraz erlaubte sich am 30. Dezember 1996, in den letzten Stunden, ja letzten Minute seines Präsidialjahres angesichts der massiven Schuldzuweisungen an die Schweiz in einem Interview die rhetorische Frage, ob Auschwitz denn in der Schweiz liege. Er gab damit denjenigen eine Stimme, welche bestehende Zusammenhänge zwischen der bösen weiten Welt und dem helvetischen Garten stets ausblenden. Die eine und wohl größere Hälfte bemerkte mit Genugtuung, daß endlich jemand zu sagen wage, was alle denken. Auf der anderen Seite empörten sich diejenigen Bürger und Bürgerinnen, welche in diesem unbedarften Diktum einen weiteren Beleg für die nationale „Denkschablone" sahen, die den neutralen Kleinstaat für genuin schuldunfähig halte.

Die Stimmung im Lande änderte sich radikal, als im August 1998 eine Verständigung (ein Deal) zwischen den Schweizer Banken einerseits und den amerikanischen Anwälten der Sammelklage sowie den jüdischen Organisationen anderseits gekommen war, in dem die Banken 1,8 Mia. Franken für Holocaust-Opfer zu bezahlen bereit waren.

Nachdem die UEK im Dezember 2001 ihre Arbeit abgeschlossen hatte, stellte sich die Frage, welche Schlußfolgerungen daraus zu ziehen waren. Der Bundesrat, der während fünf Jahren vielen Fragen mit dem Argument ausgewichen war, man wolle die Resultate abwarten, begnügte sich mit wenig aussagekräftigen Freundlichkeiten. „Die Schweiz kann", erklärte er am 22. März 2002, „mit Genugtuung auf die Anstrengungen blicken, die für ein besseres Verständnis ihrer Geschichte unternommen worden sind." Die Medien lieferten mit der nötigen Aufmerksamkeit gute Resümees an das Publikum weiter, und die Rechte versuchte, um sich nicht mit den Themen auseinandersetzen zu müssen, die Arbeitsweise der Historikerkommission selbst ins Zentrum der Debatte zu stellen. – Worin bestanden nun die Hauptergebnisse der Abklärungen der Historikerkommission?

Der *erste Hauptbefund* besteht darin, daß die Schweiz der Jahre 1939–1945 stärker und folgenreicher mit dem Umfeld, wie man sagt, verstrickt war, als das Selbstbild von der kleinen, neutralen und militärisch abgegrenzten Schweiz dies bisher vermittelt hat. Diese Verstrickung war strukturell gegeben, also nicht gewollt und gesucht; gegeben durch die Nachbarschaft und den Entwicklungsgrad der international verflochtenen Wirtschaft. Der Bericht könnte insofern ein Meilenstein für das schweizerische Selbstverständnis sein, als er das Selbstbild der Schweiz im Zweiten Weltkrieg und vielleicht sogar die Vorstellung von der heutigen Schweiz im internationalen Kontext nachhaltig verändert. Jedenfalls verdeutlichte er, was von manchen Historikern bereits seit 1989 verkündet worden war: daß es nämlich neben der abgegrenzten Reduit-Schweiz gleichzeitig eine ausgesprochen offene Schweiz der internationalen Kooperation gab. Ins allgemeine gewendet, bedeutet dies, daß man als Land, als Gesellschaft, als Kollektiv nicht in außerschweizerische Vorgänge „verstrickt" sein kann, ohne mitverantwortlich zu werden. Hinzu sollte die Einsicht kommen, daß es auch eine innerstaatliche Verstrickung gibt, daß man als Zeitgenosse bis zu einem gewissen Grad mitverantwortlich ist, was geschieht im eigenen Land, wie sich auch der liberale Staat über gewisse Dinge nicht hinwegsetzen kann, die im Privatsektor laufen.

Der *zweite Hauptbefund* bildet einen Kontrapunkt und besteht darin, daß die zeitgenössischen Akteure nicht nur Ausführende eines Sachzwangs waren, sondern über Handlungsspielräume verfügten. Das ist nicht nur eine theoretische Annahme oder ein Credo – diese Grundtatsache kann am variierenden Verhalten von Unternehmen wie den Basler Chemischen, der Schweizerischen Nationalbank (SNB) und der Schweizerischen Bundesbahnen (SBB) oder bei im Flüchtlingsbereich tätigen Personen belegt werden. Zu diesem Problemfeld gehört die wichtige Frage, welche Verantwortung die Gesellschaft und damit letztlich jedes Gesellschaftsmitglied in Form des Bürgers und der Bürgerin (trotz fehlendem Frauenstimmrecht) für das Verhalten in ihrem sozialen Umfeld haben. Wessen Sache ist es, wenn ein Waffenfabrikant einen verbrecherischen Staat beliefert? Wen geht es was an, wenn die Schweiz Drehscheibe für Raubgüter wird? Wer soll sich betroffen fühlen, wenn Schweizer Banken einerseits Konten von Verfolgungsopfern einschlafen lassen und andererseits Täterkonten als gutbürgerliches Privateigentum schützen?

Verstrickung und Handlungsspielräume: Beides betraf auch den Umgang mit der Neutralität. Die Historikerkommission kam zum

Schluß, daß die Schweiz in mehrfacher Hinsicht und nicht nur unter Sachzwängen die Neutralität verletzt hat. Während man im Falle der Goldkäufe der Nationalbank sagen konnte, daß die Bank einen „pivaten“ Status hatte und darum nicht an die staatlichen Neutralitätspflichten gebunden war, kann gleiches zum Beispiel im Falle der Kontrollpflicht beim Nord-Süd-Einsenbahntransit nicht gesagt werden.

Der Bericht vermittelt unabsichtlich, aber auch unvermeidlicherweise den Eindruck, daß der Staat trotz außerordentlicher Vollmachten und starker Ausdehnung der Staatsquote infolge der Kriegswirtschaft nicht überall auf der Höhe der Herausforderungen war. Das wirft die allgemeine Frage auf: Wie weit soll die Aufsichtspflicht des Staates gehen? Der damalige Staat war stark und schwach zugleich. Er blieb einerseits dem liberalen Staatsverständnis verpflichtet und war andererseits doch ein Vollmachtenstaat. Es ist von Interesse zu sehen, wo und wann er stark oder schwach war. Während er sich bei der Überwachung der Presse als stark gebärdete, wollte er z.B. im Feld des Kunsthandels ausgesprochen schwach bleiben, d.h. die Privatwelt wollte das so, und in der Staatswelt wollte es niemand ernstlich anders haben. Im Landesinnern war die Kriegswirtschaft ausgesprochen stark, in der Regulierung der Außenwirtschaftskontakte (bis hin zu den Goldkäufen der Nationalbank) sowie der Regulierung des Eisenbahntransits scheint er dagegen eher schwach gewesen zu sein.

Hier sei noch ein Wort zur Vorstellung angebracht, daß vieles, was geschehen, entweder als objektiver Sachzwang oder mindestens als „Konzession“ zu verstehen sei. Hinter dem Begriff steckt die Vorstellung, daß man aus innerem Bedürfnis es vorgezogen hätte, eigentlich anders zu handeln, und daß das real praktizierte Verhalten das Resultat eines Abwägens, eines Reflexionsprozesses und schließlich ein beinahe erzwungenes Entgegenkommen gegenüber externen Erwartungen mit nichtschweizerischer Grundhaltung gewesen wäre. Noch stärker entlastend ist die ebenfalls gängige Annahme, daß „Konzessionen“ die Folge von „Pressionen“ gewesen seien. In vielen Fällen dürfte aber weder ein tatsächlicher Druck bestanden noch dürfte es zu einem Abwägen gekommen sein, und man betrieb vielmehr das, was wir als *business as usual* bezeichneten. Gemeint ist damit eine bedenkliche Bedenkenlosigkeit auf der Basis der herrschenden Neutralitätsideologie sowie eines, was hier eine wertfreie Qualifizierung ist, von Routine und Automatismen geprägten Verhaltens. Zum *business as usual* gehörte der automatische Vollzug von NS-Gesetzen z.B. im Zivilstandswesen durch die Anwendung der Kategorien des „Nichtarischen". Dem hätte man und hat man ausnahmsweise auch das Konzept der *ordre publique* entgegenhalten können.

In den Kriegsjahren hatte man sich in der Schweiz, wie ein Buchtitel von 1951 treffend sagte, „sur le balcon d'Europe" situiert. Und auch später sah man sich, sozusagen in Anwendung der durch Raul Hillberg (1992) bekannt gewordenen Trias, nur als „Zuschauer" und, wenn nicht dies, dann allenfalls sogar als „Opfer", aber sicher nie als „Täter", obwohl es manche Formen der Verstrickung und damit auch der indirekten Mittäterschaft gab.

Nach 1945 wurde die Kooperationsdimension größtenteils ausgeblendet, die Abgrenzungsdimension dagegen blieb bestehen und prägte nachhaltig die kollektiven Vorstellungen. In der zweiten Hälfte der 1990er Jahre mußte das idealisierte Selbstbild jedoch revidiert werden. Die Schweiz erhielt dadurch die Chance, am exemplarischen Abklärungsgegenstand der Kriegsjahre die Außenwirkungen des eigenen Tuns und die Rückwirkungen von Privatgeschäften auf die gesamte Gesellschaft auch in generellerer Weise wahrzunehmen und das Land als ein Teil, das heißt als normaler und verantwortlicher Teil der Welt zu begreifen.

Wie wirkte sich die „Rückkehr der Vergangenheit" auf die schweizerische Gesellschaft aber tatsächlich aus? Bei vielen dürfte in dieser Richtung eine Bewußtseinserweiterung eingetreten sein. Und trotzdem oder gerade deswegen setzten sich Kräfte auf dem rechten Flügel der Nation vehement dafür ein, das alte, isolationistische und heroisierende Geschichtsbild aus der Zeit vor 1995 nach Möglichkeit wieder herzustellen. Die rechtsnationalen Patrioten beharrten auf der Vorstellung, daß die Schweiz insgesamt einen speziellen Sonderfall bilde.

Im weiteren erfuhr die individualistische Rückschau ebenfalls starken Auftrieb: Statt sich für übergreifende, die Zusammenhänge suchende Gesamtdarstellungen zu interessieren, rückte man jetzt in einer Gegenbewegung nach dem Motto „L'histoire c'est moi" wieder Einzelschicksale ins Zentrum. Eine Gesellschaft kann sich aber nicht mit unverbindlichen Ensembles höchst variierender Erinnerungen zufrieden geben und sich so davor drücken, umfassende Vergangenheitsentwürfe zu diskutieren.

Die Aufarbeitung der Vergangenheit verlieh zusammen mit anderen Faktoren der rechtsnationalen Reaktion einigen Auftrieb. Jetzt suchte und fand man aus älteren Zeiten positive Urteile über die Schweiz, und man erinnerte sich vor allem gerne an das Diktum Churchills aus dem Jahr 1944, das der Schweiz „in ihren Bergen" größtes Bemühen und entsprechendes Anrecht auf Anerkennung attestierte. In den 1990er Jahren wurde es von vaterländisch gesinnten Zeitgenossen als „Persilschein" sogar über Inserate vertrieben (ganzer Text vgl. S. 166 f.). Das gleiche Milieu warf den professionellen Historikern vor, man habe nur Negatives dargestellt, man müßte doch auch das Positive berücksichtigen und so zu einem ausgewogenen Bild gelangen.

Weiter nicht verwunderlich, mobilisierte der Aufbruch von 1996/97 mit wenig Zeitverzug einige Kräfte, welche das traditionelle Geschichtsbild verteidigen wollten. Diese sorgten dafür, daß teilweise veraltete Publikationen aus der Zeit vor 1995 in englischer Übersetzung insbesondere in den USA kostenlos verteilt wurden. Ein weiterer Indikator für die Rückkehr traditioneller Geschichtsbetrachtung ist, daß kürzlich das in den 1960er Jahren von Alice Meyer verfaßte Buch in der Meinung neu herausgebracht wurde, daß es noch immer volle Gültigkeit habe und daß insbesondere eine Richtigstellung zu den „Fehlleistungen" der jüngsten Zeitgeschichte nötig sei. Dennoch gibt es kein Zurück in die vor 1995 bestehenden Vergangenheitsvorstellungen.

Es war nicht zu erwarten, daß die in der Auseinandersetzung mit der jüngsten Vergangenheit entstandene Einsicht in die Auslandverbundenheit der kleinen Schweiz und die entwickelte Sensibilität für kollektive Verantwortung gleich von allen geteilt würden. In solchen Dingen gibt es kein einfaches Durchmarschieren.

Es gab nationalistische Reaktionen und Rückschläge, die einem sogar den Eindruck vermitteln, daß die Haltungen „nachher" sogar schlimmer waren als „vorher".

Das Interesse an der Geschichte der Schweiz im Zweiten Weltkrieg ist inzwischen auf den normal hohen Pegelstand zurückgegangen. Die Geschichtswissenschaft geht weiter ihrer Alltagsarbeit nach und produziert von Zeit zu Zeit auch neue Beiträge und Einsichten zu dieser Epoche. Die bereits stark bearbeitete Flüchtlingsgeschichte wurde mit weiteren Spezialuntersuchungen angereichert (zum Beispiel von Stefan Mächler über die jüdische Selbsthilfeorganisation SIG oder die beiden Publikationen von Madeleine Lerf und Helena Kanyar über die Aufnahme von Flüchtlingskindern). Die bisher schwach entwickelte Wirtschaftsgeschichte wurde mit einigen vorzüglichen Arbeiten verstärkt (etwa der Studie von Hans Ulrich Wipf zu den Metallwerken Georg Fischer Schaffhausen oder die beiden Arbeiten zu Alusuisse von Cornelia Rauh und Adrian Knoepfli). Schließlich wurde auch der Prozeß der auf „Vergangenheitsbewältigung" zielenden Geschichtsproduktion zum Thema gemacht (Jakob Tanner/Sigrid Weigel, Wulff Bickenbach und Stefan Schürer) und wurde der Beitrag der schweizerischen Historikerkommission thematisiert (Jean-François Bergier, Harold James, Thomas Maissen). Auch Dokumentarfilme brachten mit eigenständigen Beiträgen wichtige Ergänzungen: Zu nennen sind da vor allem eine Originalproduktion der Télévision de la Suisse Romande (TSR) vom 24. März 2002 „Mémoires de la frontière" von Bernard Romy und Claude Torracinta über Aufnahme und Abweisung von Flüchtlingen in den Jahren 1942–1945 sowie mehrere Filme von Frédéric Gonseth (vgl. Bibliografie).

Wie geht es nun weiter? Man darf gespannt sein, was noch kommen wird. Der Zweite Weltkrieg ist noch immer eine Vergangenheit, die nicht zu Ende geht.

Auswahl neuerer Literatur

Amstutz, Hans: Das Verhältnis zwischen deutscher und französischer Schweiz in den Jahren 1930–1945. Aarau 1996.

Barbara Bonhage, Peter Gautschi, Jan Hodel, Gregor Spuhler (Hg.): Hinschauen und Nachfragen. Die Schweiz und die Zeit des Nationalsozialismus im Licht aktueller Fragen. Zürich 2006.

Battel, Franco: Die Bombardierung. Schaffhausen 1944 – Erinnerungen, Bilder, Dokumente. Schaffhausen 1994.

Bergier, Jean-François: Commissioned History in Switzerland. In: Rathkolb, Oliver (Hg.), Revisiting the National Socialist Legacy. Innsbruck 2002. S. 43–50.

Bergier, Jean-François im Gespräch mit Bertrand Müller und Pietro Boschetti. Gelebte Geschichte. Zürich 2007 (aus dem Französischen).

Berthet, Danielle: Süsse Zeiten für Luzern? Die „Aktion für amerikanische Armeeurlauber" 1945/46. In: Historische Gesellschaft Luzern 2010, S. 9–28.

Bickenbach, Wulff: Gerechtigkeit für Paul Grüninger. Verurteilung und Rehabilitierung eines Schweizer Fluchthelfers (1938–1998). Köln 2009.

Bonjour, Edgar: Geschichte der schweizerischen Neutralität. Bde. 3–6. Basel 1967 und 1970. – Dokumenten-Bde. 7–9, Basel 1974–1976.

Dejung, Christof/Gull, Thomas/Wirz, Tanja (Hg.): Landigeist und Judenstempel. Erinnerungen einer Generation 1930–1945. Zürich 2002.

Die Schweiz, der Nationalsozialismus und der Zweite Weltkrieg. Schlussbericht der Unabhängigen Expertenkommission ‚Schweiz – Zweiter Weltkrieg'. Zürich 2002. Der „Bergier-Bericht" erschien auch in franz., ital. und engl. Sprache. Dazu gehören die nur in Ausnahmen aufgeführten 25 Bde. der monografischen Publikationen zu Spezialthemen.

Diplomatische Dokumente der Schweiz. Bd. 13 (1939–1940) Bern 1991, Bd. 14 (1941–8.9.1943) Bern 1997, Bd. 15 (8.9.1943–8.5.1946) Bern 1992, Bd. 16 (9.5.1945–31.5.1947) Zürich 1997.

Dumont, Hervé: Histoire du cinéma suisse. Lausanne 1987 (deutsche Ausgabe Lausanne 1987).

Dumont, Hervé: Leopold Lindtberg et le cinéma suisse: 1935–1953. Lausanne 1975. (deutsche Ausgabe Ulm 1981).

Favez, Jean-Claude: Une mission impossible ? Le CICR, les déportations et les champs de concentration nazis. Lausanne 1988. Deutsche Übersetzung : Das Internationale Rote Kreuz und das Dritte Reich. War der Holocaust aufzuhalten ? Zürich 1989.

Fleury, Michèle: Les refractaires allemands pendant la Seconde Guerre mondiale. Problème de nationalité. In: Gérald Arlettaz, Integration und Ausschluss. Bern 2003. Studien und Quellen Nr. 29.
Gautschi, Willi: General Henri Giusan. Die schweizerische Armeeführung im Zweiten Weltkrieg. Zürich 1989.
Geiger, Peter: Kriegszeit. Liechtenstein 1939 bis 1945. 2 Bde. Zürich 2010.
Gonseth, Frédéric: Esclaves d'Hitler. Déportés ukrainiens dans les filiales d'usines suisses en Allemagne. Lausanne 1997 (Video). Unter Mitarbeit der Historikerin Sophie Pavillon.
Gonseth, Frédéric: Mission des Grauens. Lausanne 2003 (DVD, Ärzte-Ostmission 1941).
Gonseth, Frédéric: L'histoire c'est moi. Lausanne 2004 (DVD, Aktivdienstgeneration).
Groebner, Valentin/Guex Sébastien/Tanner, Jakob (Hg.): Kriegswirtschaft und Wirtschaftskrieg. Zürich 2008. (Schweizerische Gesellschaft für Wirtschafts- und Sozialgeschichte Bd. 23).
Haunfelder, Bernd: Kinderzüge in die Schweiz. Die Deutschlandhilfe des Schweizerischen Roten Kreuzes 1946–1956. Münster 2007.
Haumann, Heiko/Petry, Eric/Richers, Julia: Ort der Erinnerung. Menschen und Schauplätze in der Grenzregion Basel, 1933–1945. Basel 2008.
Heiniger, Markus: Dreizehn Gründe. Warum die Schweiz im Zweiten Weltkrieg nicht erobert wurde. Zürich 1989.
Hoerschelmann, Claudia: Exilland Schweiz. Lebensbedingungen und Schicksale österreichischer Flüchtlinge 1938–1945. Innsbruck 1997.
Ihle, Pascal: Die journalistische Landesverteidigung im Zweiten Weltkrieg. Eine kommunikationstheoretische Studie. Zürich 1997.
Inglin, Oswald: Die stille Krieg. Der Wirtschaftskrieg zwischen Grossbritannien und der Schweiz. Zürich 1991.
James, Harold: Die Bergier-Kommission als Wahrheits-Kommission. In: Norbert Frei, Dirk van Laak und Michael Stolleis (Hg.), Geschichte vor Gericht. Historiker, Richter und die Suche nach Gerechtigkeit. München 2000. S. 130–140.
Jost, Hans Ulrich: Politik und Wirtschaft im Krieg. Die Schweiz 1938–1948. Zürich 1998.
Kamber, Peter: Schüsse auf die Befreier. Die „Luftguerilla" der Schweiz gegen die Alliierten 1943–1945. Zürich 1993.
Kanyar-Becker, Helena (Hg.): Vergessene Frauen. Humanitäre Kinderhilfe und offizielle Flüchtlingspolitik 1917–1948. Basel 2010.
Keller, Peter Michael: Cabaret Cornichon. Geschichte einer nationalen Bühne. Zürich 2011.
Keller, Stefan Andreas: Im Gebiet des Unneutralen. Schweizerische Buchzensur im Zweiten Weltkrieg zwischen Nationalsozialismus und Geistiger Landesverteidigung. Zürich 2009.

Kiss, Silvia: Die Schweiz als Gastgeberland des Völkerbundes in den Jahren 1938–1942. In: Studien und Quellen Bd. 15. Bern (Bundesarchiv) 1989. S. 83–149.
Knoepfli, Adrian: Im Zeichen der Sonne. Licht und Schatten über der Alusuisse 1930–2010. Baden 2010.
Kreis, Georg: Die Schweiz in der Geschichte. 1700 bis heute. Zürich 1997.
Kreis, Georg/Müller Bertrand (Hg.): Die Schweiz und der Zweite Weltkrieg. Spezialausgabe des Themenhefts der Schweizerischen Zeitschrift für Geschichte 4/ 1997. Auch in engl. Übersetzung.
Kreis, Georg: Die Rückkehr des J-Stempels. Zur Geschichte einer schwierigen Vergangenheitsbewältigung. Zürich 2000.
Kreis, Georg: Der Pass mit dem Judenstempel. Eine Familiengeschichte in einem Stück Weltgeschichte 1925–1975. München 2001.
Kreis, Georg: Das verpasste Rendezvous mit der Weltgeschichte. Zurück in den Zweiten Weltkrieg (Teil III) in Schweizerische Zeitschrift für Geschichte (SZG) 3/2004, pp. 314–330. Reprint in: Georg Kreis, Vorgeschichten zur Gegenwart. Ausgewählte Aufsätze Bd. 2. Basel 2004. S. 193–210.
Kröger, Ute/Exinger, Peter: „In welchen Zeiten leben wir!" Das Schauspielhaus Zürich 1938–1998. Zürich 1998.
Leimgruber, Matthieu/Lengwiler, Martin: Umbruch an der Inneren Front. Krieg und Sozialpolitik in der Schweiz, 1938–1948. Zürich 2009.
Lerf, Madeleine: „Buchenwaldkinder" – eine Schweizer Hilfsaktion. Humanitäres Engagement, politisches Kalkül und individuelle Erfahrung. Zürich 2010.
Lingen, Kerstin von: SS und Secret Service. „Verschwörung des Schweigens." Die Akte Karl Wolff. Paderborn 2010.
Mächler, Stefan: Hilfe und Ohnmacht. Der Schweizerische Gemeindebund und die nationalsozialistische Verfolgung 1933–1945. Zürich 2005.
Maissen, Thomas: Führungslosigkeit als Normalzustand. Die Schweizer Weltkriegsdebatte und die Krise um die nachrichtenlosen Vermögen in einer längerfristigen Perspektive. Antrittsvorlesung vom 23. Juni 2003. In: Itinera, Bd. 24, Basel 2004. S. 57–69.
Maissen, Thomas: Verweigerte Erinnerung. Nachrichtenlose Vermögen und Schweizer Weltkriegsdebatte 1889–2004. Zürich 2004.
Maurer, Peter: Anbauschlacht. Landwirtschaftspolitik, Plan Wahlen, Anbauwerk, 1937–1945. Zürich 1985.
Mattioli, Aram (Hg.): Antisemitismus in der Schweiz 1848–1960. Zürich 1998.
Meyer, Alice: Anpassung oder Widerstand. Die Schweiz zur Zeit des deutschen Nationalsozialismus. Frauenfeld 1965/2010.

Morel, Yves-Alain: Aufklärung oder Indoktrination? Truppeninformation in der Schweizer Armee 1914–1945. Zürich 1996.
Muschg, Adolf: Wenn Auschwitz in der Schweiz liegt. Frankfurt a.M. 1997.
Newman, Ken: Swiss Wartime Work Camps. A Collection of Eyewitness Testimonies 1940–1945. Zürich 1999.
Pavillon, Sophie: Trois filiales d'entreprises suisses en Allemagne du Sud et leur développement durant la période nazi. In : (Bundesarchiv) Studien und Quellen 23, 1997. S. 209–254.
Picard, Jacques: Die Schweiz und die Juden 1933–1945. Schweizerischer Antisemitismus, jüdische Abwehr und internationale Migrations- und Flüchtlingspolitik. Zürich 1994.
Rauh, Cornelia: Schweizer Aluminium für Hitlers Krieg? Zur Geschichte der „Alusuisse" 1918–1950. München 2009.
Ruch, Christian/Rais-Liechti, Myriam/Peter, Roland: Geschäfte und Zwangsarbeit: Schweizer Unternehmen im „Dritten Reich". Zürich 2001. Veröffentlichungen der UEK Bd. 6.
Schürer, Stefan: Die Verfassung im Zeichen historischer Gerechtigkeit. Schweizer Vergangenheitsbewältigung zwischen Wiedergutmachung und Politik mit der Geschichte. Zürich 2009.
Schütt, Julian: Germanistik und Politik. Schweizer Literaturwissenschaft in der Zeit des Nationalsozialismus. Zürich 1996.
Senn, Hans: Die Anfänge einer Dissuasionsstrategie während des Zweiten Weltkrieges. Basel 1995. Reihe: Der Schweizerische Generalstab Bd. VII.
Spuhler, Gregor: Die Bergier-Kommission als „Geschichtsbarkeit". Zum Verhältnis von Geschichte, Recht und Politik. In: Themenheft „Justiz und Geschichte" in traverse 2004/1, S. 100–114.
Spuhler, Gregor: Gerettet – zerbrochen. Das Leben des jüdischen Flüchtlings Rolf Merzbacher zwischen Verfolgung, Psychiatrie und Wiedergutmachung. Zürich 2011.
Stadelmann, Jürg: Umgang mit Fremden in bedrängter Zeit. Schweizerische Flüchtlingspolitik 1940–1945 und ihre Bedeutung bis heute. Zürich 1998.
Tanner, Jakob: Bundeshaushalt, Währung und Kriegswirtschaft. Eine finanzsoziologische Analyse der Schweiz zwischen 1938 und 1953. Zürich 1986.
Tanner, Jakob/Weigel, Sigrid (Hg.): Gedächtnis, Geld und Gesetz. Vom Umgang mit der Vergangenheit des Zweites Weltkrieges. Zürich 2002.
Thaler, Urs: Unerledigte Geschäfte. Zur Geschichte der Schweizerischen Zigarrenfabriken im Dritten Reich. Zürich 1998.

Tisa Franscini, Esther/Heuss, Anja/Kreis, Georg: Fluchtgut – Raubgut. Der Transfer von Kulturgütern in und über die Schweiz 1933–1945 und die Frage der Restitution. Zürich 2001. Monographien der UEK Bd. 1.
Warum wird ein Thema von gesellschaftlicher Bedeutung nicht zum öffentlichen Thema. Schlussbericht der Nationalen Schweizerischen Unesco-Kommission. Bern 1998.
Wegmüller, Hans: Brot oder Waffen. Der Konflikt zwischen Volkswirtschaft und Armee in der Schweiz 1939–1945. Zürich 1998.
Wider, Werner: Der Schweizer Film 1929–1964. Die Schweiz als Ritual. 2 Bde. Zürich 1981.
Wipf, Hans Ulrich: Georg Fischer AG, 1930–1945. Ein Schweizer Industrieunternehmen im Spannungsfeld Europas. Zürich 2001.
Wolf, Walter: Eine namenlose Not bittet um Einlass. Schaffhauser reformierte Kirche im Spannungsfeld 1933–1945. Schaffhausen 1997.
Wylie, Neville: Britain, Switzerland and the Second World War. Oxford 2003.
Zala, Sacha: Gebändigte Geschichte. Amtliche Historiographie und ihr Malaise mit der Geschichte der Neutralität. 1945–1961. Bern 1998 (Bundesarchiv Dossier 7).
Zbinden, Jürg: Sternstunden oder verpasste Chancen. Zur Geschichte des Schweizer Buchhandels 1943–1952. Zürich 1995.

Oliver Rathkolb
Die paradoxe Republik
Österreich 1945 bis 2010
HAYMONtaschenbuch 67
368 Seiten
ISBN 978-3-85218-867-6

„Das Buch, kaum erschienen, wird bereits als Standardwerk gehandelt." (Die Zeit) – mit dieser Ausgabe erscheint Oliver Rathkolbs Werk zur Geschichte der Zweiten Republik nun in einer kompakten, grundlegend aktualisierten und gekürzten Neufassung, die bis in die unmittelbare Gegenwart reicht. In den vergangenen Jahrzehnten haben die Bilder, in denen sich Österreich spiegelte, gewechselt – vom „Bollwerk des Deutschtums im Osten" über die „Brücke zwischen den großen politischen Blöcken" zur „Insel der Seligen" bis hin zum Außenseiter der EU. Als einer der renommiertesten österreichischen Historiker und zugleich hautnaher Zeitzeuge ergründet Rathkolb in zehn Kapiteln Kernthemen österreichischer Politik und Zeitgeschichte in den letzten sechzig Jahren. Darüber hinaus zeichnet er die Profile der Kanzler und wirft einen kritischen Blick auf die Perspektiven der Zukunft.

www.haymonverlag.at

Heiner Boberski/Peter Gnaiger/
Thomas Schaller/Robert Weichinger
Mächtig, männlich, mysteriös
Geheimbünde in Österreich
HAYMONtaschenbuch 21
312 Seiten
ISBN 978-3-85218-821-8

Der Hang zum Geheimnisvollen und Okkulten ist vermutlich so alt wie die Menschheit und zieht sich wie ein roter Faden durch die Kulturgeschichte. Von Geheimbünden und verschworenen Gemeinschaften, die im Stillen und Verborgenen wirken, geht nach wie vor eine große Faszination aus. In diesem Buch werden die wichtigsten religiösen und profanen Geheimbünde dargestellt. Sorgfältige Recherchen sind die Basis der einzelnen Beiträge über die bekannten, zum Teil auch weniger geläufigen Vereinigungen.

„Mächtig, männlich, mysteriös" wirft einen Blick hinter die Kulissen und lüftet Geheimnisse – ohne freilich alle Rätsel preisgeben zu können. Eine spannende Spurensuche, die Überraschungen und Ungereimtheiten zutage fördert.

www.haymonverlag.at

Hans Haid
Naturkatastrophen in den Alpen
HAYMONtaschenbuch 50
176 Seiten
ISBN 978-3-85218-850-8

Überflutungen und Bergstürze, Lawinen- und Murenabgänge – seit Jahrhunderten leben die Bewohner des Alpenraums in stetiger Angst vor verheerenden Naturkatastrophen. Hans Haid, der große Experte für die Geschichte und Kultur des Alpenraumes, stellt gemeinsam mit seiner Tochter Barbara mehr als 35 der größten Naturkatastrophen vom Mittelalter bis zum Lawinenunglück von Galtür 1999 dar. In originalen Zeitdokumenten lässt er die Betroffenen selbst berichten und zeichnet so ein bedrückend lebendiges und authentisches Bild von den elementaren Naturereignissen, die das Leben im Alpenraum bedrohen.

www.haymonverlag.at